My Note

기적이 일어나는 마법의 워크북

YURI
結梨嘉望
YURI YOSHIMI

"나 자신을 좋아할 수 없다…"

"돈이 모이지 않고, 늘 나가기만 한다…"

"인간관계가 원만하지 않고, 항상 외롭다…"

"내가 뭘 좋아하는지 잘하는지 모르겠고, 인생이 막막하다…"

"자기계발 세미나나 강의를 들어도, 인생이 변하지 않는다…"

"앞으로 어떻게 살아가야 할지 모르겠다…"

"열심히 해도 항상 헛돌고, 현실이 잘 변하지 않는다…"

이런 마음을 가진 '당신'에게 보냅니다.

프롤로그

My Note를 출간한 이유

남편의 갑작스런 죽음으로 인해 인생의 큰 변화를 겪으며
"모든 문제의 답은 나에게 있다"는 것을 알게 되었습니다.

잠시 저의 이야기를 들려드리겠습니다.
2020년, 사랑하는 남편과의 갑작스러운 사별로 인해
저는 세 아이(3세, 5세, 6세)의 싱글맘이 되었고.
남편이 떠난 일주일 후 밝혀진 남편의 1억4천만원 이상의 빚은
전업주부였던 저를 절망의 구렁텅이로 떨어뜨렸습니다.

그 때 처음으로 제 인생에 대해 진지하게 생각해 보았습니다.
'행복이란 무엇인가?'
나는 '무엇을 위해 태어난 것인가?'

이 두가지 질문을 매일 아니 매순간 반복하다 마침내 깨달았습니다.
정말 중요한 것은 '눈에 보이지 않는 것'이라는 것을.

남편의 존재는 사라졌지만 남편과의 추억, 따뜻한 말,
깊은 사랑은 마음속에 남아 있었습니다.

과거의 저는 낮은 자존감과 소심한 성격으로
아이 유치원 엄마들과도 교류조차 힘들었습니다.
하지만 남편의 죽음을 통해 삶의 마지막에 기억되는 것은
'사랑' 뿐이라는 것을 알게 되었습니다.

그 사실을 깨달은 후…
돈, 인맥, 재능 아무것도 없었던 소심한 전업주부가

약 2년 만에 SNS 총 팔로워가 7만명 이상이 되었고,
5,000명 이상의 엄마들을 위한 커뮤니티 활동을 만들게 되고
세계를 누비며 강연을 하게 되는 기적이 찾아왔습니다.
저는 이런 질문을 자주 받습니다.

'어떻게 그런 기적만 일어나요?'
'어떻게 사람이나 돈, 운이 그렇게 따라오나요?'

이 책을 쓰는 이유를 오해하지 않으셨으면 합니다.
'저라서 할 수 있었다' 라고 자랑하려고 쓰는 것이 아닙니다.
저는 당신 인생의 조언자일 뿐이고, 이 이야기는 하나의 사례일 뿐입니다.

즉, '누구나, 언제든 최악의 상황에서도'
그 때 포기하지 않고, 내 자신과 마주하고 사랑을 깨달았을 때,
원하는 길이 반드시 열릴 것이라는 것입니다.
제가 직접 경험한 인생에서 깨달은 삶의 정수를 이 Note에 모두 담았습니다.

'자신과 마주하는 법을 모른다', '난 운도 없고 재능도 없는 사람이다'
그렇게 생각하시나요?
이 책을 끝까지 읽고 난 후엔 지금까지 찾지 못한 내 안의 나와 마주하게 될 것입니다.

지금의 자신과 마주하며, 진정한 자신을 만나러 가지 않으시겠습니까?

모든 답은 자신 안에 있습니다! 그 답을 발견했을 때,
당신은 고민에서 해방되고, 인생에 많은 기적이 찾아올 것입니다.

이 "My Note"와 함께,
설레는 마음으로 진정한 자신을 만나러 갑시다.

우리는 왜 태어났을까?

무엇을 위해 살고 있는 걸까?

그것은 아무도 모르는 일…

거기에 관심을 가지는 순간부터,

'자신을 사랑하는' 인생이 시작된다.

물처럼 살아가기

물은 안개처럼 가볍고, 얼음처럼 단단하며,
때로는 바위를 부술 정도로 강한 힘을 가집니다.

때로는 비가 되어 사람과 동식물에게 무한한 도움을 줍니다.

수억 년 전부터 지금까지,
모든 환경에서 형태와 상태를 변화시키며
필요할 때 필요한 변화를 하면서…

본질은 그대로 두고 '변화와 변형'을 거치며 존재하고 있습니다.

우리 인간도 시대의 변화에 따라,
물처럼 유연하게 사고방식과 의식을 변화시키며
'변화와 변형'을 해 나가는 것이 필요합니다.

한 곳에 얽매이지 않고,
그때그때 환경에 맞춰 역할을 변화시키며,
자신의 개성을 최대한 발휘하는 것이 중요합니다.

이제 누군가에게 맞추거나,
주위의 평가를 위해 애쓰는 시대는 끝났습니다.

눈에 보이는 것(실적, 경험, 직책 등)만 중요시하고,
주위의 평가를 걱정하며 사는 시대는 지났습니다.

변화를 두려워하지 마세요.

자신의 매력을 깨닫고 개성을 발휘하여 표현함으로써,
당신의 세계는 점점 더 살기 쉬워질 것입니다.

어린 시절처럼 웃고 싶을 때 웃고,
울고 싶을 때 울며, 더 순수하게 자신을 표현해 보세요

서로 손을 맞잡고 함께 발전하고 확장하며,
순환하면서 조화를 이루며 통합되는 시대에 접어들어갑니다.

더 많이 의지해도 괜찮아.
더 많이 기대도 괜찮아.
더 많이 받아도 괜찮아.

내가 행복해지는 것을 두려워하지 마세요.
이제는 불안이나 두려움에 지배당하는 시대는 끝났습니다.

당신이 당신답게 사는 것이
모두의 기쁨이 되고, 그것이 자산이 될 것입니다.

어떤 것에도 얽매이지 않고,
물처럼 가볍게 즐겁게 순수하게…
함께 '변화와 변형'을 통해 살아가지 않겠습니까?

동영상 해설

contents

프롤로그(Prologue) ·· 4

물처럼 살아가기 ·· 8

STEP 00 인생 호전의 법칙

순환의 법칙 ··· 16

선출의 법칙 ··· 18

원인과 결과의 법칙 ·· 20

모든 것은 공간에 쌓인다 ··· 22

감정은 인생의 나침반 ··· 24

소망 실현의 법칙 ·· 26

공진공명의 법칙 ··· 28

어떤 마음으로 행동하는가?가 중요하다 ··· 30

현실은 당신 마음의 투영 ··· 32

STEP 01 원점으로 돌아가기 워크

내일 죽는다면? ··· 36

나의 소중한 것을 떠올려 보자 ·· 40

나의 삶은 기적의 연속 ·· 42

태어난 이유를 떠올리자 ·· 44

STEP 02 해방 워크

과거의 상처를 치유하자 ·· 48

매력으로 바꾸어 보자 ··· 52

자신을 용서(赦)하자 ·· 56

덕분에로 바꾸자 ··· 60

* 워크=대면(마음)은 스스로 통찰하는(성찰하는) 작업

STEP 03 현재 워크

- 라이프 맵 / 현재 위치를 알자 ··· 66
- 운이 좋은 것을 떠올려 보자 ··· 68
- 좋은 말은 인생을 변화시킨다 ··· 70
- 자신이 생기가 넘치는 순간을 알자 ··· 74
- 좋아하는 것과 잘하는 것으로 순환을 일으키자 ····························· 80
- 직감을 연마하자 ·· 84
- 놓아줄 것(물건)을 정하자 ·· 86
- '두려움'을 '용기'로 바꾸자 ·· 90

STEP 04 미래 설정 워크

- 상상하여 본심을 알아차리자 ··· 94
- 이루어졌을 때의 감정을 느껴 보자 ··· 98
- 지금의 고민을 미래의 나에게 물어보자 ···································· 108
- 꿈을 이미 이룬 사람을 만나러 가자 ··· 114
- 미래를 보다 구체적으로 설정하자 ·· 116
- 비전 보드 ·· 120

STEP 05 신월과 보름달 워크

- 신월·보름달 워크 ··· 128

- 유도 명상 ·· 154
- 에필로그 ·· 156

자, 이제 'My Note'에 손을 살며시 얹어보세요…

'나만의 My Note'와

편안하게 연결되어 있다고 느껴보세요.

"모든 답은 당신 안에 있다"

그 답을 이끌어내는 파트너로서

이 My Note를 최대한 활용하세요.

이 My Note를 다 썼을 무렵

My Note를 쓰기 전과는 비교할 수 없고, 상상 할 수 없던

미래로 변화하기 시작합니다.

이 My Note는 다른 누구에게 보여줄 필요 없으며,

"당신만의 파트너"로서

당신의 진심을 아낌없이 표현해 보세요.

 좋아하는 펜을 준비하세요.

02 좋아하는 장소,
혼자 있을 수 있는
곳에서 작성하세요.

03 잘 쓰려고 하지 말고,
떠오르는 대로 자유롭게 쓰세요.

04 쓰고나서 전체를 바라보고
자신의 마음을 느껴보세요.

STEP 00
인생 호전의 법칙

STEP 00

순환의 법칙

"순환"이란, 어떤 상태가 변화하여 다시 원래의 상태로 돌아가는 과정.
에너지의 순환을 물로 비유하자면, 바다에서 증발한 물이 수증기가 되고
구름이 되고, 비구름으로 변화하여 비를 내리고, 이 비가 산·강·바다로 흐르고,
다시 공기 중으로 증발하고, 비구름으로 변해 비가 되어 지상으로 돌아옵니다.
에너지(돈, 정보, 운, 인연 등)도 물과 마찬가지로,
모양을 바꿔가며, 최적의 양이 최적의 타이밍에 흐르는
순환을 반복함으로써 모든 것이 최상의 상태로 유지됩니다.

담길 수 있는 곳으로 흐른다

형태는 변하지만 질량은 변하지 않는다

흐름이 있는 곳으로 흐른다

많이 있는 곳에 더욱 모여든다

"모든 에너지는 순환하고 있다."

여기서 말하는 에너지란, 돈, 인연, 시간, 운, 사랑 등을 말합니다.
그 에너지는 물과 마찬가지로 '높은 곳에서 낮은 곳으로',
'강한 곳에서 약한 곳으로' 흐르는 성질이 있습니다.

순도와 질이 높은 '정보, 돈, 인연' 등의 기회를 얻기 위해서도
나 자신의 에너지를 강하고 높은 상태로 유지하는 것이 중요합니다.

이러한 에너지를 자기만의 이익을 위해 사용하는 마음이 크다면
물의 성질과 마찬가지로 흐름이 멈추고 고이게 됩니다.
그러면 에너지가 정체되어 순환하지 않고 썩어 버립니다…
더 나은 에너지가 당신에게 흐르기 위해서는,
멈추지 않고, 계속 순환시켜야 합니다.

에너지는 물이나 돈과 마찬가지로 누구의 소유도 아니므로
주면 없어지는 것이 아니라, 당신을 통해 순환하는 에너지일 뿐입니다.

순환한 에너지는 당신이 잊었을 때쯤 '돈', '인연', '사랑', '운' 등으로
모습과 형태를 바꿔 '필요할 때'에 '필요한 양'이 돌아옵니다.
반드시 순환하여 돌아온다는 것을 믿고,
주는 것을 두려워하지 말고, 안심하고 순환시키세요.

동영상 해설

STEP 00

선출의 법칙

앞 페이지에서 설명한 "순환의 법칙"에서 가장 중요한 것은,
순환을 기다리는 것이 아니라 '스스로 먼저 내놓는' 것입니다.
인생에서 '돈'이나 '인연', '사랑' 등의 흐름을 바꾸고 싶다면,
수동적인 태도를 취하지 말고, 먼저 주어야 합니다. 거기서부터 순환을 일으킬 수 있습니다.
당신이 내놓은 에너지는 반드시 최적의 타이밍에 돌아옵니다.
그러므로 지금의 자신이 할 수 있는 범위 내에서 에너지(돈, 인연, 사랑, 운 등)를
먼저 내어주세요(제공). 그러면 나중에 돌아오는 것도 커집니다.

STEP 00

"가난한 사람이 가난한 이유는, 자신을 위해서만 돈을 쓰기 때문이다.
가난한 사람들에게 나눔의 기쁨을 맛보게 하는 것이 탁발이다.
가난에 고통받는 사람일수록, 보시(주는 것)를 하도록."
부처님은 이렇게 가르치고 있습니다.

당신이 사랑을 원한다면,
"당신이 먼저" 소중한 사람에게 사랑을 주세요.
만약 당신이 돈을 원한다면,
"당신이 먼저" 소중한 사람에게 돈을 쓰세요.
만약 당신이 시간을 원한다면,
"당신이 먼저" 소중한 사람에게 시간을 쓰세요.
만약 당신이 인연을 원한다면,
"당신이 먼저" 소중한 사람에게 인연을 연결해 주세요.

"당신이 원하고 바라는 것일수록, 먼저 주어라"

자신이 아낌없이 줄 때 중요한 포인트는,
"지금 당신이 할 수 있는 범위 내에서 최대한 할 수 있는 것을 할 것"

무리하지 않고, 지금의 자신이 줄 수 있는 것을
"아낌없이 주는" 것이 현실을 바꾸는 첫걸음이 됩니다.

동영상 해설

원인과 결과의 법칙

현실은 매우 단순해서, 당신이 내뱉은 말, 행동, 에너지가
돌고 돌아 당신에게 되돌아옵니다.
공을 벽에 강하게 던지면, 강하게 돌아오는 것처럼…
자신이 뿌린 씨앗은 자신이 거둬야 된다는 법칙입니다.
그러므로, 긍정적인 현실을 창조하고 싶다면, 당신에게서 나오는
말과 행동, 에너지를 긍정적으로 만드는 것이 중요합니다.

자신에게서 나온 것이 돌고 돌아 커져서 돌아옵니다.

자신이 뿌린 씨앗은 자신이 거둬야 됩니다.

"인과"란, "모든 결과에는 반드시 원인이 있다"는 것을 의미합니다.

좋은 씨앗에서 좋은 결과가 나오는 것을, 선인선과(善因善果)
나쁜 씨앗에서 나쁜 결과가 나오는 것을, 악인악과(惡因惡果)라고 합니다.
즉, 지금 현실에서 일어나는 일에는 반드시 원인이 있습니다.

"내가 이런 현실을 만들었을 리가 없다"고 생각할 수도 있습니다.
하지만, 원하지 않는 일이 일어났을 때야 말로,
현실 도피하기 보다는, 자신을 객관적으로 보는 것이 매우 중요한 것입니다.

"이 현실이, 나에게 '무엇을' 가르쳐 주고 있는 것일까?"라고
멀리 떨어져 나를 바라보세요.
자신의 현실을 객관적으로 봄으로써, 고정관념이 원인이었음을 깨닫거나
자신의 행동이 자신의 현실을 만들고 있었다는 것을 깨닫게 됩니다.
자신이 표현하는 말이나 행동, 에너지를 의식함으로써,
같은 상황이 반복되지 않고, 삶이 더 편안해집니다.

모든 언행은 "당신의 마음이 만들고 있다"
먼저 심호흡을 하고, 마음의 여유를 가지는 것부터 시작하세요.

그리고,
좋은 말과 좋은 행동, 좋은 에너지를 의식적으로 전달하세요.

동영상 해설

모든 것은 공간에 쌓이고 있다

첫 만남에서 '이 사람 친절할 것 같다' '이 사람 무서울 것 같다'고
느낀 적이 있나요? 그렇게 느껴지는 이유는 그 사람의 의식과 평소의 언행이
그 사람 주변의 공간에 에너지로 쌓여 있기 때문입니다.
수증기도 눈에 보이지 않지만, 공간에 존재하는 것처럼.
사람은 무의식적으로 그 에너지를 분위기로 느끼고 판단합니다.
당신의 의식과 언행이 공간에 쌓이기 때문에,
자신의 평소 의식과 언행을 자각하는 것이 중요합니다.

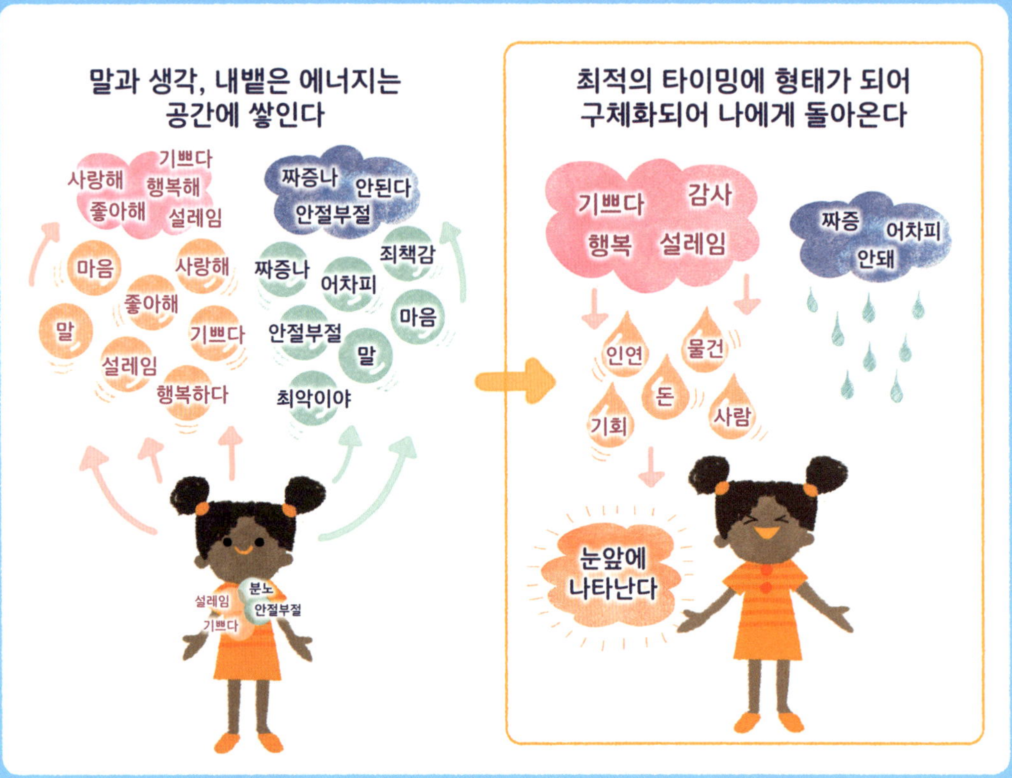

'덕을 쌓는다'는 것은 평소의 좋은 언행, 즉 '좋은 행동'을 말합니다.
반대로 '나쁜 행동'을 쌓는 것은 '업을 쌓는다'고 합니다.

평소에 당신이 내뱉는 말이나 생각, 감정은 공간에 쌓이며,
그 에너지는 거리와 시공간을 초월하여 타인의 마음에 전달되고, 공명을 일으킵니다.

'병을 앓고 있는 사람들'을 두 그룹으로 나누어,
"한쪽 그룹에게만 기도를 보낸다는" 유명한 실험이 있습니다.
결과적으로, 기도를 받은 그룹이 압도적으로 좋은 수치로 변화했고,
기도를 받은 사람들은 좋은 결과를 얻었습니다.

즉, 사람의 의식과 생각은 시공간을 초월하여 서로 공명하고 있다는 것입니다.
그리고 보이지 않는 곳에서의 모든 행동과 언행이
그 사람의 공간에 쌓이고, 그것을 '분위기'로서 사람들이 느끼는 것입니다.

더 나아가, 이 '덕'이나 '업' 등의 행동은 "당신 뿐만" 아니라
실제로 당신의 후손, 즉 자녀와 손자, **7세대후에도 영향을 미친다**고 합니다.

원하는 삶을 사는 사람일수록 자신의 일 뿐만 아니라
후손까지 고려하여, 평소의 말과 행동을 철저히 의식합니다.
당신의 평소 말과 행동, 생각을
의식하는 것이 원하는 미래로 나아가는 첫걸음 입니다.

동영상 해설

감정은 인생의 나침반

감정은 당신 인생의 나침반이며, 미래의 선택지를 알려줍니다.
좋은지 싫은지, 즐거운지 안 즐거운지, 설레는지 불안한지
지금까지 감정을 억눌러온 사람일수록,
자신의 감정이 정확히 무엇인지 모르는 경우가 많습니다.
일상의 작은 선택 속에서 마음이 속삭이는 것을 들어주는 것부터 시작해 보세요.
원하는 미래로 빠르게 가려면 '정말 어떻게 하고 싶어?'라고
항상 자신과 마주하며 감정을 느끼려고 하는 것,

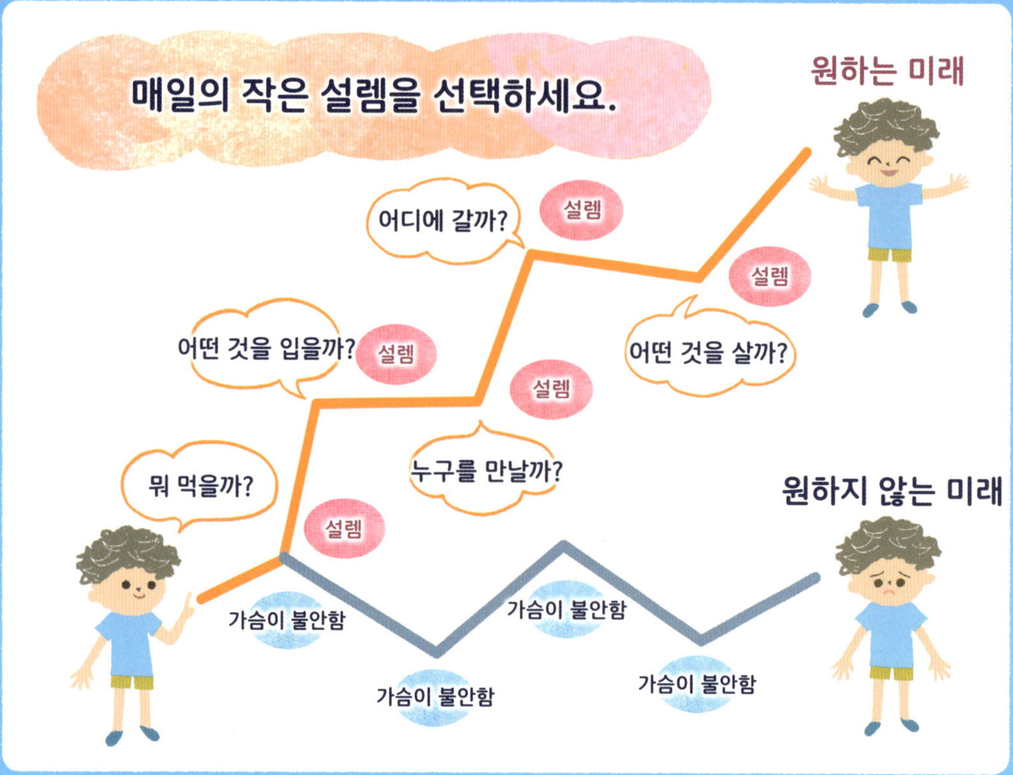

매일의 작은 설렘을 선택하세요.

원하는 미래

- 어디에 갈까? 설렘
- 어떤 것을 살까? 설렘
- 어떤 것을 입을까? 설렘
- 누구를 만날까? 설렘
- 뭐 먹을까? 설렘

원하지 않는 미래

- 가슴이 불안함
- 가슴이 불안함
- 가슴이 불안함
- 가슴이 불안함

당신의 본심을 들어주는 것이 매우 중요합니다.
"어떤 옷을 입을까?","무엇을 먹고 싶어?","무엇을 하고 싶어?"
어느 쪽이 설레는가? 무엇이 가슴을 뛰게 하는가?
자신의 마음에 진심으로 귀 기울여 주세요.

여기서 주의할 점은, 주위의 시선을 의식한 설렘이 아니라,
"당신의 마음에서 우러나는 설렘"을 따르는 것입니다.
당신의 감정은 오직 당신만이 알 수 있기 때문입니다.
그래서 정답도 오답도 없습니다♪

당신의 마음을 뛰게 하고, 설레게 하며,
기쁘게 하는 것을 선택하는 것이 원하는 미래로 가는 첫걸음이 됩니다.

만약 설렘을 선택해도 잘 되지 않는다면,
'다른 사람의 꿈을 동경하고, 그것이 내 꿈이라고 착각하고 원하고 있었다'거나
'가짜' 설렘이었을 수도 있습니다.
그리고 '지금은 타이밍이 아니다', ' 최적의 타이밍에 잘 될 것'이라고
미래를 믿고 그 타이밍을 기다리는 것도 중요합니다.

내 마음이 명확하지 않을 때는 한번 뿐인 인생 '정말 어떻게 살고 싶어?'라고
자주 나에게 물어보세요.
'설렘에는 GO', '불안함에는 NO'로, 우선 작은 선택을
'설렘'으로 선택해 나가는 것이, 원하는 미래로 가는 지름길이 됩니다.

동영상 해설

소원을 이루는 법칙

①소원이 이루어진 뒤를 상상해 보세요.
→ 어떤 상황인지? 어떤 장소에 있는지? 누구와 함께 있는지?

②소원이 이루어졌을 때의 감정을 느껴보세요
→ 안도? 환희? 혹은 펄쩍 뛸 만큼의 기쁨?

③소원을 이룬 당신에 대한 '주변사람들의 반응'을 상상해보세요.
→ '축하해' '멋지다!' 등 구체적인 표정이나 말

그 상상을 토대로 지금 할 수 있는 일을 열심히 하세요.

"상상이 현실을 창조한다."
상상 없이 현실을 창조할 수 없습니다.
현실을 창조하는 힘, 이것은 인간에게만 주어진 유일한 힘입니다.

펜이나 컴퓨터 등, 우리가 사용하는 모든 물건이 누군가가 '이런 것을 만들자'고
상상한 것으로부터 시작해서 현실에 창조된 것이 우리 눈앞에 있는 것들입니다.
작은 꿈도, 큰 꿈도, 상상력 없이는 창조할 수 없습니다.
즉, 상상력을 단련하는 것은 현실의 창조력을 높이는 것과 직결되는 것입니다.

현실의 창의력을 최대한 발휘하기 위해서 중요한 것은,
당신의 오감을 최대한 활용해서,
"이미 이루어진 것처럼, 리얼하게 상상하는 것"
그리고, 그 이루어졌을 때의 "감정"을, 지금 이 순간 맛보고,
마치 소원이 이루어진 것처럼 "지금을 살아 가는 것."

"이미지 × 감정 = 현실 창조"

당신이 상상한 후에 현실이 움직이기 시작하고, 필요한 인연, 기회,
지식, 정보, 돈 등이 당신에게 찾아옵니다.
상상(소원이 이루어진 순간의 이미지, 감정)이 먼저이고, 현실은 나중에 창조됩니다.
초조해 하지 않고 설레면서
현실처럼 상상하는 것이 매우 중요합니다.

동영상 해설

공진 공명의 법칙

'유유상종'이라고도 하며, 비슷한 사람끼리 서로 끌어당기는 것.
같은 사고방식, 삶의 방식, 가치관이 가까운 사람들은 무의식적으로 서로 끌어당깁니다.
예를 들면, 공부를 좋아하는 사람 주위에는 공부를 좋아하는 사람들이 모이고,
그림 그리기를 좋아하는 사람 주위에는 그림 그리기를 좋아하는 사람이 모입니다.
그렇기때문에, 지금 내 주위의 사람들을 살펴봄으로써 지금의 자신을 알 수 있습니다.
지금의 현실이나 자기 자신을 바꾸고 싶다면, 주위의 환경이나,
누구와 함께 시간을 보낼것인지를 다시 선택하고 바꾸어 가는 것이 중요합니다.

꽃에는 나비가 모이고
똥에는 파리가 모이듯이
사람도 식물도
서로 주파수를 내며 서로 끌어당긴다.

같은 사고방식·가치관의 사람끼리 공명한다.
끼리끼리 자연스럽게 모이는 것

"인생은 인간관계나 환경으로 80% 결정된다"
즉, "누구와 함께 있는가" "어떤 환경에 있는가?"에 따라서
인생은 크게 달라집니다.

이상적인 인생을 살고 싶다면,
당신이 이상적으로 생각하는 삶을 살고 있는 사람과 함께하는 시간을 늘리고,
원치 않는 삶을 살고 있는 사람과는 거리를 두는 것이 중요합니다.

지금 당신의 주변에 있는 사람들은 지금 당신의 생각과 가치관에
공명하고 서로 끌어온 사람들입니다.

현재의 인간관계나 환경에 위화감을 느낀다면,
그 사람들과 함께 있는 시간을 줄이거나 환경을 바꾸는 노력이 필요합니다.

"동경하는 사람의 가방을 드는 것이, 인생을 바꾸는 비결"

공진공명의 법칙을 아는 사람일수록 적극적으로 동경하는 사람을 찾아갑니다.
당신도 이상을 이루고 있는 사람을 만나러 가는 것부터 시작해봅시다.
실제로 만나는 것이 가장 좋지만, 온라인상에서의 관계라도 좋습니다.

나와 비슷한 꿈을 이루고 있는 사람의 에너지에 조금이라도 가까워지게 되면,
공명이 일어나기 시작하면서 당신의 인생도 크게 변해갑니다.

동영상 해설

STEP 00

어떤 생각으로 행동하는가?가 중요하다

'무엇을 하는가'보다 '무슨 생각으로 하는가?'가 중요합니다.
강한 생각과 높은 순도가 원하는 결과를 얻는 가장 큰 비결입니다.
스포츠에서도, 기쁨과 설레임 속에서 연습했을 때와 부정적인 말을 하며 연습했을 때는,
같은 시간을 썼어도 얻을 수 있는 결과가 크게 달라진다는 것을 알 수 있을 것입니다.
즉, 좋은 결과를 원한다면,
좋은 생각으로 행동하는 것이 먼저입니다.

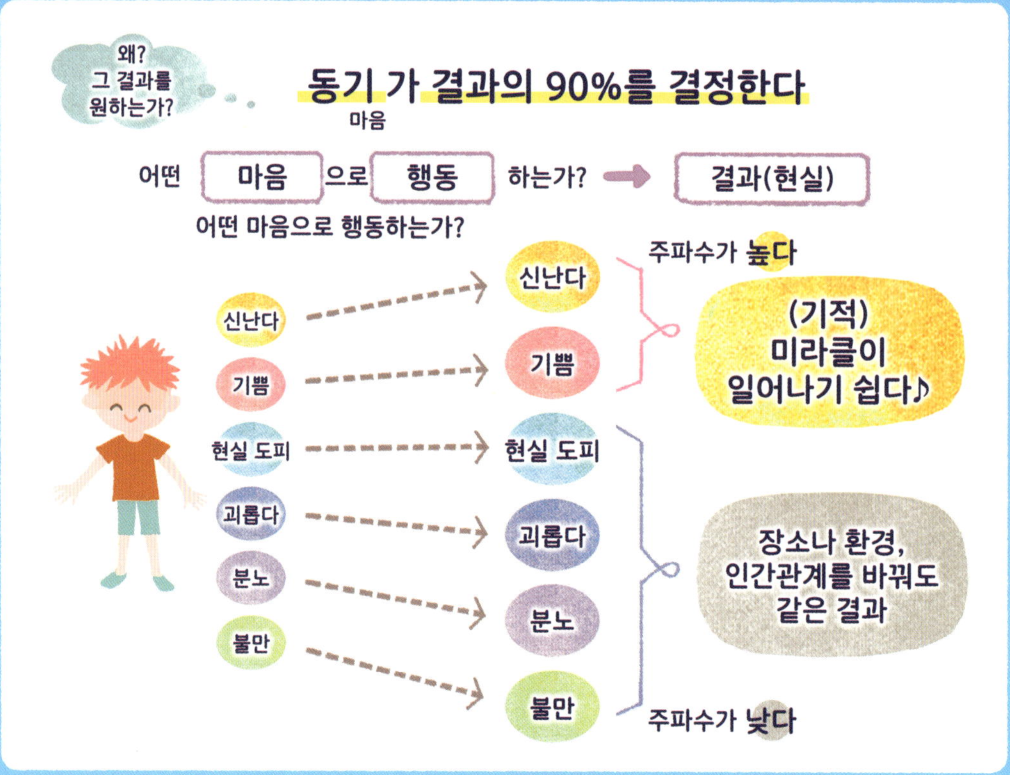

동기 가 결과의 90%를 결정한다

왜? 그 결과를 원하는가?

어떤 [마음] 으로 [행동] 하는가? → [결과(현실)]

어떤 마음으로 행동하는가?

- 신난다 ⤏ 신난다
- 기쁨 ⤏ 기쁨

주파수가 높다 → (기적) 미라클이 일어나기 쉽다♪

- 현실 도피 ⤏ 현실 도피
- 괴롭다 ⤏ 괴롭다
- 분노 ⤏ 분노
- 불만 ⤏ 불만

장소나 환경, 인간관계를 바꿔도 같은 결과

주파수가 낮다

당신은 불안이나 두려움 때문에 행동하고 있지 않은가요?

예를 들면 "외롭다는 생각으로부터, 파트너를 찾는 행동" 으로,
파트너가 생겨도 왠지 쓸쓸함을 느끼는 현실이 찾아오거나…
미래에 대한 "불안과 두려움 때문에 일을 찾는 행동"은,
일을 하고 있어도, 왠지 불안에 사로잡히는 현실이 찾아오는 등…

이처럼, 불안과 공포로부터 시작된 행동은 불안과 공포의 현실을 창조하고
설레는 마음으로부터 시작된 행동은 설레는 현실을 창조합니다.

그리고, 사실 순수하고 설레는 마음으로 시작된 행동은,
주변 사람들도 끌어당기는 영향력을 가지고 있습니다.

"빨리 가고 싶으면 혼자 가고, 멀리 가고 싶으면 함께 가라".
라는 말이 있듯이…
당신의 순도 높은 생각과, 강한의지에 공명한 사람이
당신의 협력자가 되어 줍니다.
비록 지금의 당신에게 실적이나 경험이 없다고 하더라도…

"왜 그것을 원하는가?" "왜 그 행동을 하고 있는가"
당신의 마음이 명확할수록,
주변 사람들의 마음도 움직이고, 당신의 미래도 크게 움직이기 시작합니다.

동영상 해설

현실은 당신의 마음의 투영

"현실은 당신을 비추는 거울" 로, 현실은 당신의 의식이나 본연의 자세, 마음의 상태를 그대로 비춥니다. 즉, 현실을 보면 자기 자신에 대한 태도를 알 수 있습니다.
당신이 "스스로를 대하는 태도"=주변 사람이 "당신을 대하는 태도"입니다.
"당신이 당신을 인정하지 않는다"면, "주변 사람들로부터 인정받지 못합니다".
어떤 자신이라도 받아들이고 인정해주는 것으로 좋은 삶이 시작됩니다.
우선은 스스로를 사랑해 주는 것이 먼저라는 것을 기억합시다.

자신에 대한 태도가 주변 사람 으로부터의 태도

당신 주위의 사람들은 마음의 거울. 주위 사람들이 당신을 대하는 태도가 곧 당신이 스스로를 대하는 태도임을 깨닫자

자기 자신에게 상냥하게 대해주면
당신의 세계도 당신에게 상냥해진다

자기 자신에게 엄격하게 굴면
당신의 세계도 당신에게 엄격해진다

당신은 당신 자신을 어떻게 생각하고, 어떻게 대하고 있나요?

언제나, 비슷한 사람에게 비난당해.
언제나, 파트너가 바람을 펴…
언제나, 같은 패턴으로 돈이 없어져…

"현실=마음을 비추는 거울"이기 때문에, "자기 자신을 어떻게 대하고 있는가"를
다른 사람을 통해서, 직접적으로 당신에게 가르쳐 주고 있습니다.

이제 자신을 괴롭히지 말고 "내 안의 나"와 친해집시다.

이 세계는 매우 단순해서, 자기 자신과 사이가 좋아지면,
모든 사람과 사이좋게 되고, 자신과 사이가 나쁘면, 모든 사람과 사이가 나빠집니다.

상냥한 세계로 만들고 싶다면, 자기 자신에게 상냥해집시다.
사랑이 있는 세상으로 만들고 싶다면 자기 자신을 사랑해줍시다.

당신이 원하는 세상은 지금 여기부터 당신 스스로 창조해 나갈 수 있습니다.

"어떤 나라도 좋아" 어떤 자기 자신이라도 받아주세요.
완벽한 인간이란, 이 세상 어디에도 없으니까.
자신에게 상냥하게, 자신에게 달콤하게, 철저히 사랑을 쏟으며 살아봐요.
"세상은 이렇게 상냥했구나"라는 걸 깨닫게 될테니까.

다정하고 사랑이 넘치는 세상을, 당신 스스로를 위해 창조해 나갑시다.

동영상 해설

우리는 이 세상에 태어나면서,

어떤 삶을 살 것인지. 누구와 무엇을 하며 살것인지.

큰 틀을 정하고 태어났어요.

그러니까 '내가 지금 어떻게 해야 하는지' 모든 것을 알고 있는 거예요.

이 사실을 알게 되는 게 무서울 수 있어요.

왜냐하면, 지금까지의 자신을 전부 부정하게 될 것 같기 때문에…

이젠 애써 외면하지 말고

답은 모두 당신 안에 있으니까 자주 마음의 문을 두드리고 들어보세요.

반드시 "내가 나에게" 대답해주는 날이 올테니까.

STEP 01
원점으로 돌아가기 워크

내일 죽는다면?

어떤 위인도 "반드시" 하늘로 돌아갈 때가 옵니다.
눈을 감고 심호흡을 하며 소중한 사람의 얼굴을 떠올려 봅시다.
'오늘이 당신의 마지막 날이라면…?'
마지막으로 소중한 사람을 껴안았을 때 당신의 마음에 떠오르는 말은 무엇일까?
당신의 소중한 사람에게 "마지막 메시지"를 정성껏 써보아요.
"끝"을 의식할 때부터 생명의 가치를 느낄 수 있습니다.
그리고 지금 여기 바로 앞에 있는 사람도 아낄 수 있습니다.

동영상 해설

끝을 의식하면 지금 이라는 가치가 산다

끝을 의식한다

유한 하다고 생각함으로써 **가치를 인식하기 쉬워짐**
(한정되어 있음)

자신의 생명의 가치를 느끼다
→자신을 소중히 여긴다
눈앞에 있는 사람의 생명의 가치를 믿다
→사람을 소중히 여긴다

→ 자신과 타인을 소중히 여기고 다룰 수 있어진다

아무것도 의식하지 않는다
쭉 이어질 것이다

무한 하다고 생각함으로써 **가치를 인식하기 어려워짐**
(영원)

자신의 생명의 가치를 느끼기 어렵다
→ 자신을 함부로 다루기 쉽다
눈앞에 있는 사람의 생명의 가치를 느끼기 어렵다
→사람을 소중히 여길 수 없다

→ 자신도 타인도 소중히 여기기 어려워진다

소중한   에게

소중한   에게

소중한   에게

나의 소중한 것을 떠올려 보자

앞으로 몇 번, 소중한 사람의 웃는 얼굴을 볼 수 있을까?

앞으로 몇 번, 소중한 사람에게 '사랑한다'고 말해 줄 수 있을까?

앞으로 몇 번, 소중한 사람을 안을 수 있을까…

어떤 일이든 시작이 있으면 반드시 끝이 있습니다.

우리는 매일 바쁜 일상을 살아가며 중요한 것을 깜빡하고 잊어버립니다.

"당신에게 정말로 소중한 것은 뭔가요?"

당신의 인생에서 정말로 소중한 것을 소중히 여깁시다.

동영상 해설

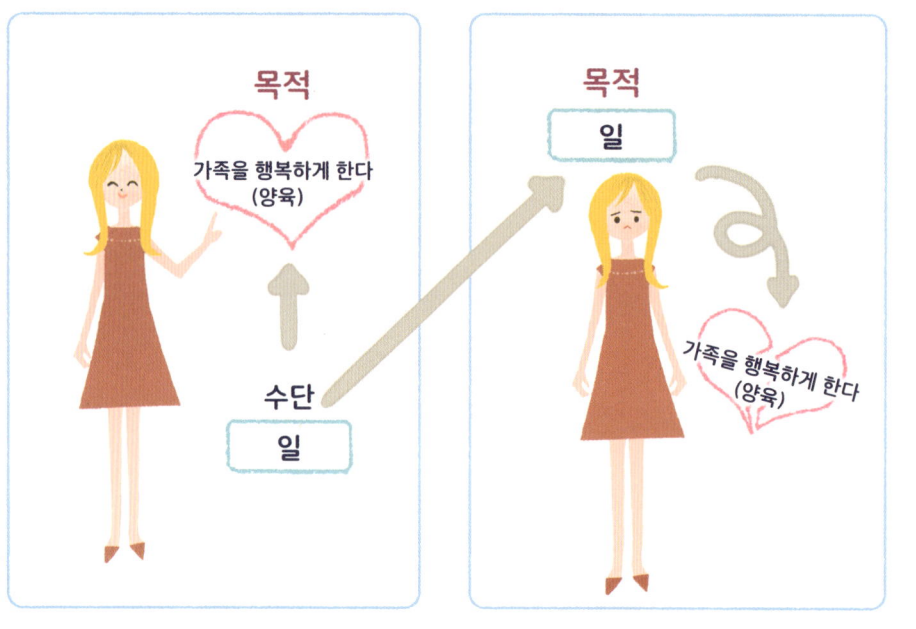

STEP 01

나에게 소중한 것은?
깨달은 것이나 느낀 것을 자유롭게 써 보자.

"소중한 것을 소중히 하기 위해서" 오늘부터 무엇을 할까?

예 매일 한번씩 포옹하며 사랑을 전한다, 떨어져 계시는 부모님께 전화드리거나 뵈러간다.

> 소중한 사람일수록 가까이 있어요. 너무 가깝기 때문에,
> 그 존재가 당연해지지 않도록 잊지 않는 노력이 중요해요.

나의 삶은 기적의 연속

사람은, 반드시 어머니·아버지가 있기 때문에 태어나고,
그 부모님도 반드시 아버지, 어머니가 계셨으니 태어나셨고…
이렇게 이어진 생명의 결과가 '당신의 생명'입니다.
당신은 상상을 초월하는 확률로 이 세상에 태어나 자라왔습니다.
이 생명의 궤적을 다시 기억함으로써 당신의 생명은 기적이라는 것을 깨닫게 될 것입니다.
자신을 사랑하는 것은 조상님께 사랑을 드리는 거예요.
Family Tree를 통해 알게 된 것을 쭉쭉 적어봅시다.

동영상 해설

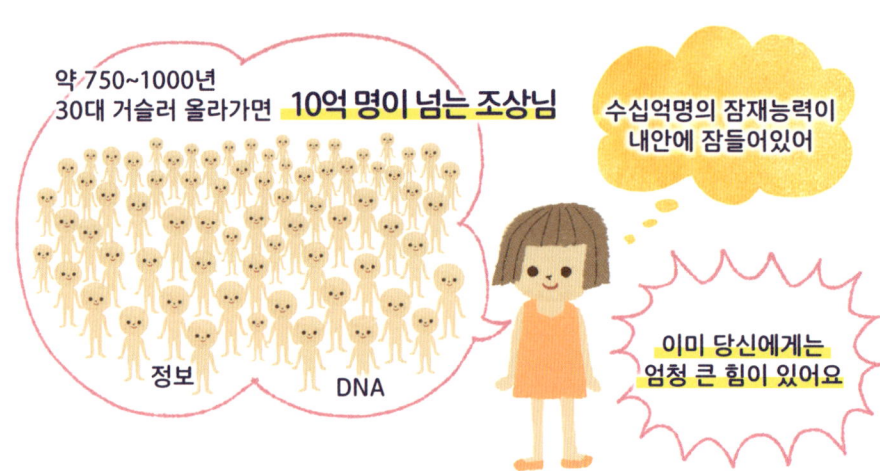

나를 소중히 하는 것=조상님을 소중히 하는 것
나를 상처 입히고, 부정하는 것=조상님을 상처 입히고, 부정하는 것

Family Tree

10대 거슬러 올라가면 1,024명, 20대를 거슬러 올라가면 1,048,578명
30대 거슬러 올라가면 10억 명이 넘는 조상님이 있다.

나를 소중히 하는 것은 눈앞에 있는 사람을 소중히 하는 거에요.
왜냐하면 먼 조상님의 품으로 가면 모두 한 가족이니까.

태어난 이유를 떠올리자

내 인생의 역할은 "**나의 개성을 최대한 발휘하고 표현하는 것**"입니다.
태어나서 자란 환경이나 제한된 일 속에, 사실은 재능이나 개성도 숨어 있습니다.
그것은 **남과 비교할 것도 아니고, 외부세계에서 찾을 수도 없습니다.**
그러니 조급해 하지 마세요. 이미 모든 것을 가지고 있고 준비되어 있으니까요.
나를 객관적으로 바라보고 이미 가지고 있는 것에서 나만의 개성을 찾아봅시다.
나 자신의 개성을 깨닫고 그 개성을 발휘할 수록
주위 사람들에게 사랑을 받으며 나의 역할도 깨닫게 됩니다.

동영상 해설

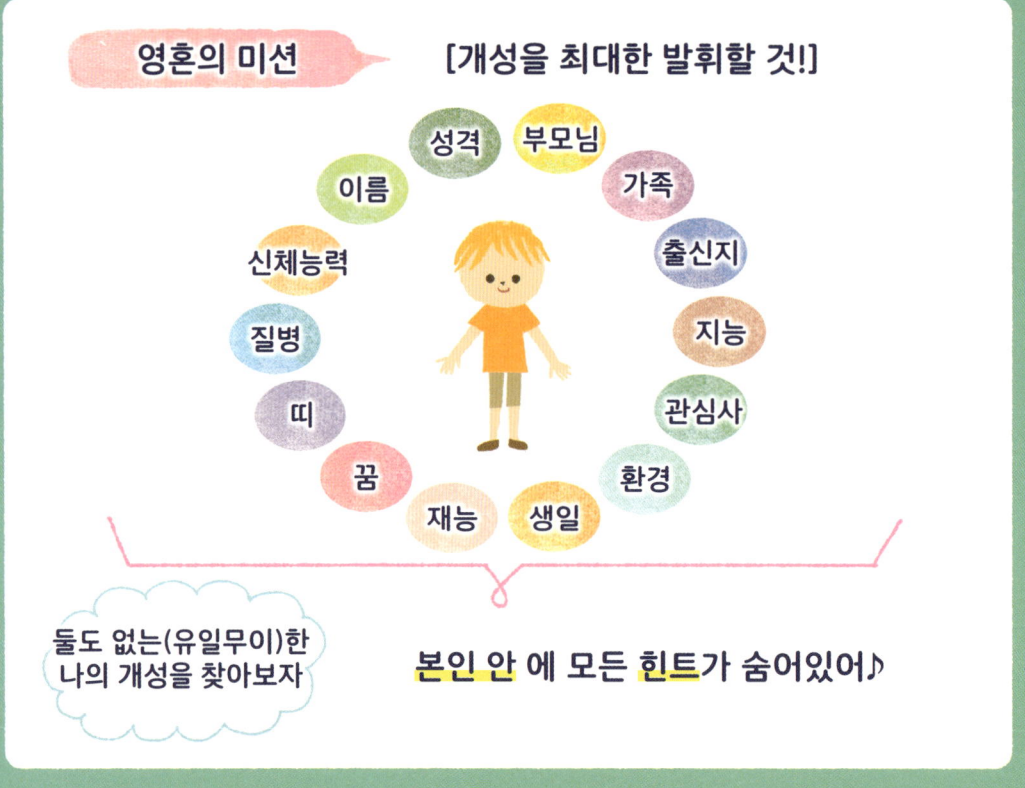

STEP 01

나의 생년월일은?

이름은 사명. 이름의 의미를 상상해보자.

이름 _____

어렸을 때 꿈은?

예 선생님, 파일럿

어렸을 때 동경했던 사람이나 캐릭터는?

예 고길동, 세일러문

어렸을 때부터 좋아하는 것은?

예 그림 그리기, 노래 부르기, 친구집에 모이는 것

어렸을 때 많이 들었던 말은?

예 목소리가 크구나, 춤을 좋아하네, 산만하다

위의 내용을 써보고, 생각난 것이나, 진심으로 하고 싶었던 것 등 느낀 점을 써 보자.

예 내가 하고 싶은 일을 마음껏 하고 싶다. 항상 예쁜 옷을 입고 모두 앞에서 표현하고 싶다.

**인생의 미션은 나의 개성을 최대한 발휘하는 것입니다.
나를 알고, 나를 조금씩 조금씩 표현해 나가요.**

용서한다(용서할 사: 赦)="과거"의 실패를 탓하지 말 것.

용서(용서할 용: 許)="미래"를 위한 행위를 허가하는 것.

원망해도 돼, 후회해도 돼. 다른 사람을 용서하지 않아도 돼.

그렇지만, '그것이 있었기 때문에 지금의 내가 있다'고,

"용서(赦)" 할 수 있을 때 나의 그릇이 더 커집니다.

그 용서한 수만큼 더 큰 기회와 인연,

운이나 돈이 그 그릇에 들어오게 됩니다.

"용서(赦)할 수 없는 나를 용서(許)해 주는 것"이,

다음 스테이지로 가는 첫걸음입니다.

STEP 02

해방 워크

과거의 상처를 치유하자

지금 일어나고 있는 문제나, 항상 고민하고 있는 것들은,
과거의 상처가 아물지 않아서 생기는 것일 때가 많습니다.
사실은 상처 받았는데 못 본 척 하고 있지 않나요?
사실은 슬펐는데, 그 마음을 무시하고 참지 않았나요?
그때 "사실은 말하고 싶었던 마음 속 깊은 생각"을 알아줍시다.
분노 아래에 있는 "슬픔"이나 "외로움"을 마주하는 것,
그 상처받은 마음을 치유하는 것이 원하는 미래로 가는 지름길입니다.

동영상 해설

슬픔 아래에 본인이 믿고있는 고정된 관념이 있다.
과거의 상처가 아물지 않았기 때문에
그때의 감정이 그대로 올라와 분노가 된다.

STEP 02

짜증나는 일을 깊이 생각해 보자

분노, 짜증, 열받음

> **예** 남편이 항상 말을 듣지 않고, 가정내에서의 대화가 적어졌다.

밑바탕에 깔린 슬픔 외로움을 찾아 보아요.

> **예** 어렸을 때 아버지가 눈을 보며 이야기를 들어주지 않아서 슬펐다

그 때 어떻게 하길 바랐나요? 뭐라고 말해주길 바랐나요?

> **예** 아주 조금이라도 좋으니까, 자신의 이야기를 들어 주었으면 했다. 그래, 그랬구나!라고 그냥 얘기를 들어줬으면 했어. 칭찬을 많이 해줬으면 했다.

분노, 짜증, 열받음

밑바탕에 깔린 슬픔 외로움을 찾아 보아요.

그 때 어떻게 하길 바랐나요? 뭐라고 말해주길 바랐나요?

STEP 02

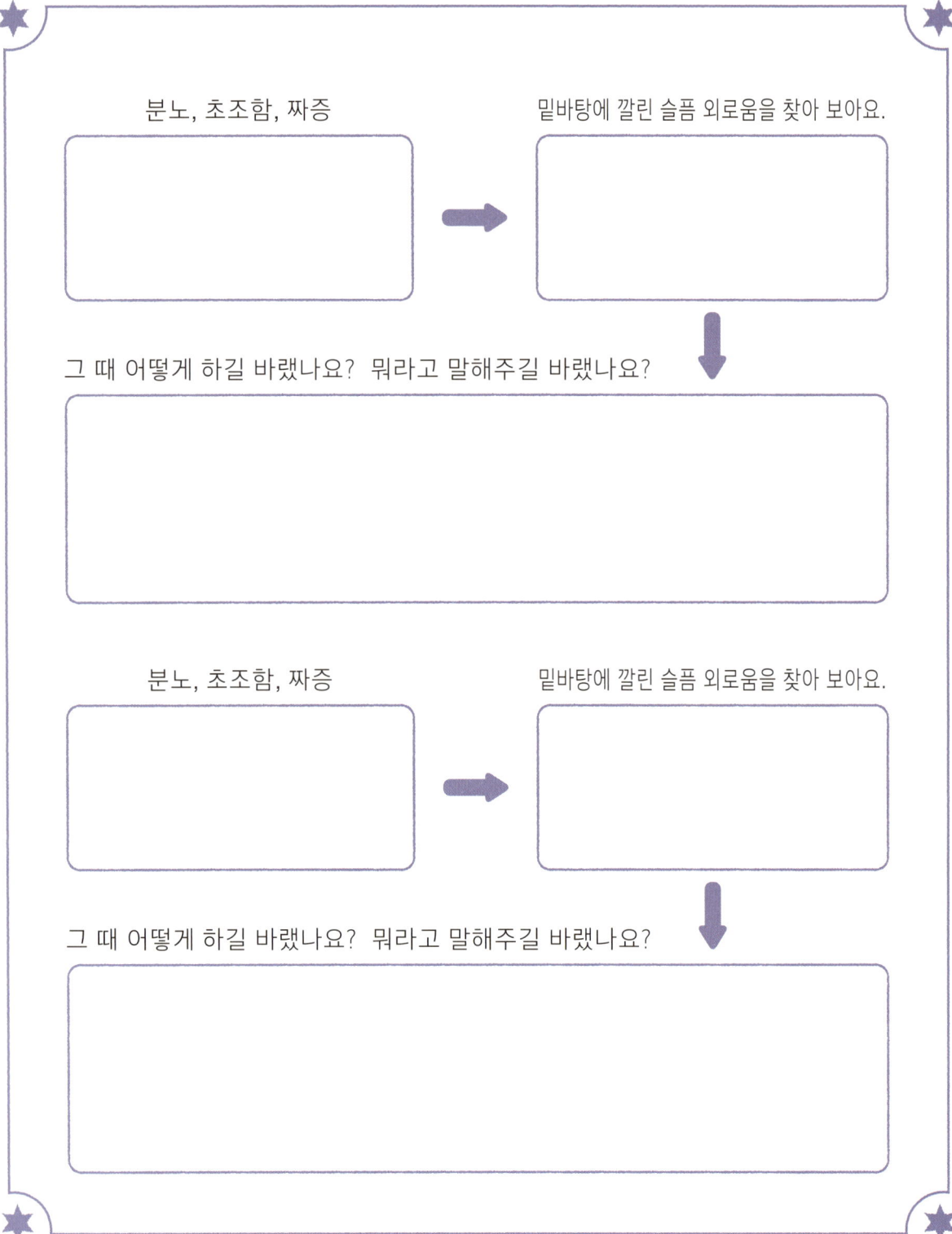

그 아픔을 알아차리고,
자기 자신을 꼭 안아주며
"힘들었지. 슬펐지. 이제 괜찮아"
라고 말을 걸어 치유를 해줍시다.

인생의 미션은 당신의 개성을 최대한 발휘하는 것입니다.
자신을 알고, 자신을 점점 표현해 나가요.

매력으로 바꾸어 보자

사실은 하나라도, 해석은 사람의 수 만큼 있다.

단점이라고 믿고 있고, 그것을 안된다고 믿고 있는 자신이 있습니다.

당신이 단점이라고 생각하는 것은 남들이 보기에 부러운 일일지도 모릅니다.

즉, 원래는 장점이라는 개념은 없고,

그것을 "어떻게 받아들이느냐?" "어느 관점으로 보느냐에 따라 달라집니다."로 바뀌어 간다.

'좋다', '나쁘다'의 판단은 다른 사람이 아닌 자신이 받아들이기 나름.

단점이라고 생각했던 것이 장점이 됐을 때 매력으로도 변합니다.

동영상 해설

STEP 02

단점을 장점으로 변환해 보자

단점이라고 생각하는 것 　　　　　장점이나 매력으로 본다면
예 성급한 성향 ➡ **예** 시간을 중요하게 생각한다, 결단이 빠르고, 행동이 빠르다

단점이라고 생각하는 것 　　　　　장점이나 매력으로 본다면
예 싫증을 잘 냄 ➡ **예** 호기심 왕성, 새로운 것에 대한 도전을 좋아한다.

단점이라고 생각하는 것 　　　　　장점이나 매력으로 본다면
➡

단점이라고 생각하는 것 　　　　　장점이나 매력으로 본다면
➡

단점이라고 생각하는 것 　　　　　장점이나 매력으로 본다면
➡

단점이라고 생각하는 것 　　　　　장점이나 매력으로 본다면
➡

단점이라고 생각하는 것 　　　　　장점이나 매력으로 본다면
➡

STEP 02

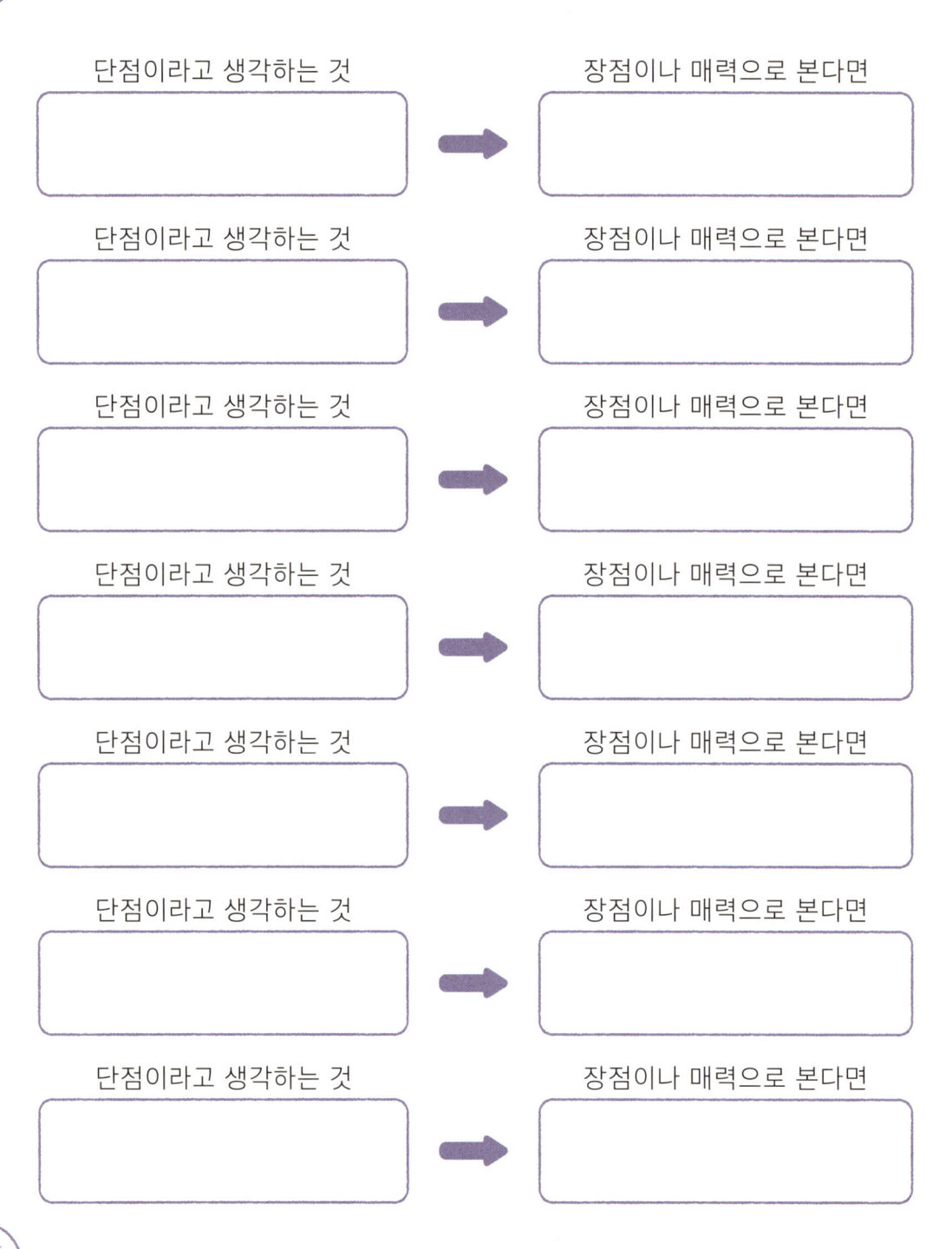

STEP 02

단점이라고 생각하는 것 → 장점이나 매력으로 본다면

단점이라고 생각하는 것 → 장점이나 매력으로 본다면

단점이라고 생각하는 것 → 장점이나 매력으로 본다면

단점이라고 생각하는 것 → 장점이나 매력으로 본다면

자신을 알아 보고 깨달은 것은?

생각과 인식에 따라 과거도 미래도 모두 바뀝니다.

STEP 02

자신을 용서(赦)하자

자신을 부정하거나 자책하는 순간은 누구에게나 있습니다.
성실한 사람일수록 자신을 탓하고 괴로워합니다.
'이래선 안 돼', '더 ○○ 해야지' 등등…
사실 직감이나 영감은 힘이 빠지고 마음이 가벼워질 때 찾아옵니다.
그리고 그 직감이나 영감이야말로, 희망하는 미래를 향한 이정표가 됩니다.
어떤 모습의 자신도 용서하고 부드러워지는 것이
자신과 주위의 행복으로 이어집니다.

동영상 해설

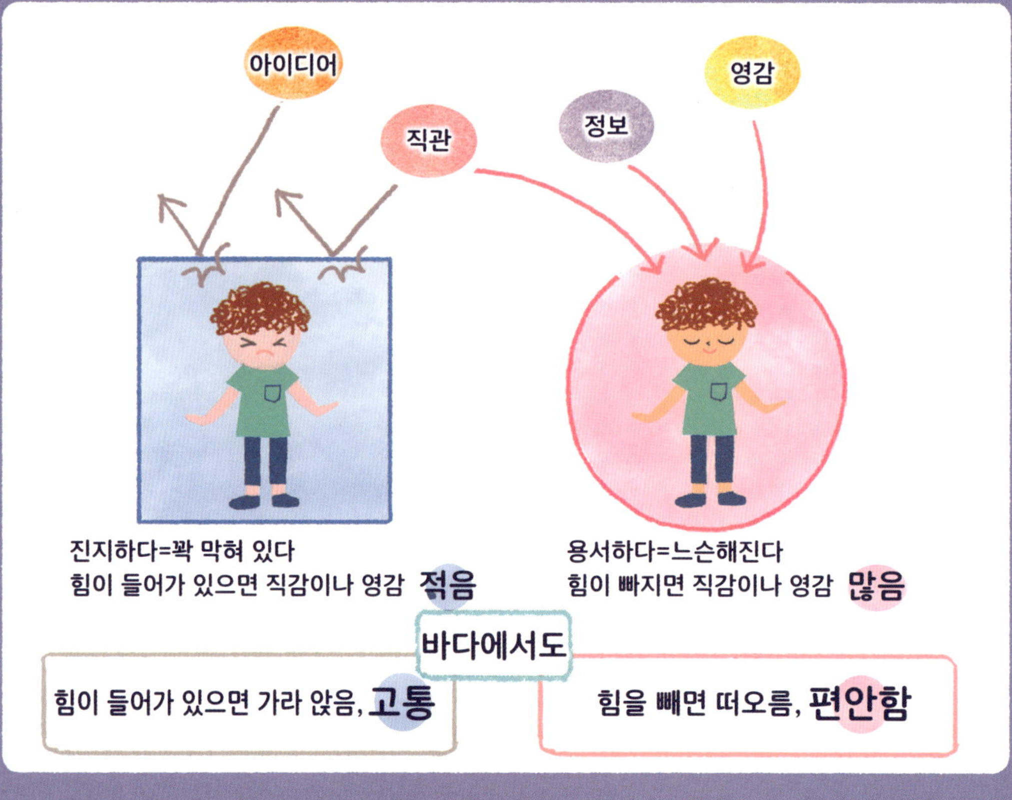

아이디어   영감
   직관   정보

진지하다=꽉 막혀 있다
힘이 들어가 있으면 직감이나 영감 **적음**

용서하다=느슨해진다
힘이 빠지면 직감이나 영감 **많음**

바다에서도

힘이 들어가 있으면 가라 앉음, **고통**

힘을 빼면 떠오름, **편안함**

자신을 탓하는 마음을 용서하고 느슨해지자

어떨 때 자책하나요?

예) 남보다 시간이 배로 걸릴 때
일을 효율적으로 처리 못할 때

어떤 생각이 숨어 있나요?

예) 일처리가 느리면 사람들에서 인정받지 못할꺼야.

어떻게 생각하면 마음이 가벼워지나요?

예) 꼼꼼하게 일을 할 수 있는 나는 정말 대단해! 내 일엔 정성이 담겨져 있어!

어떨 때 자책하나요?

어떤 생각이 숨어 있나요?

어떻게 생각하면 마음이 가벼워지나요?

STEP 02

어떨 때 자책하나요?　　　　　어떤 생각이 숨어 있나요?

어떤 식으로 생각하면 마음이 가벼워지나요?

어떨 때 자책하나요?　　　　　어떤 생각이 숨어 있나요?

어떤 식으로 생각하면 마음이 가벼워지나요?

어떤 나라도 괜찮아
속이 시커멓더라도 질투가 나더라도 미워하더라도…
크게 심호흡 하며 자신을 용서해봐요.

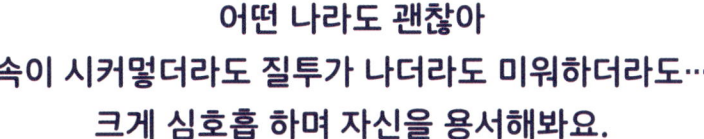

'덕분에'로 바꾸자

지금까지 만난 사람, 앞으로 만날 사람도 모두 당신에게 필요한 사람입니다.
때로는, 싫다고 생각하는 사람이나, 깊게 상처받은 기억이 있는 사람까지도,
길게 보면 당신에게 깨달음과 배움을 준 조연입니다.
그렇다고 '고맙다'라는 말은 하지 않아도 됩니다.
지금의 당신이 있는 것은, "그 경험이 있었기 때문" 일지도 몰라…
그렇게 생각함으로써 힘들었던 과거도 점차 선물로 바뀌어 갑니다.

동영상 해설

힘들었던 경험 속에서 덕분의 씨앗을 찾자

싫었던 것, 슬펐던 것

예) 어릴 적 따돌림을 당한 일

➡

어떤 것을 배웠나요?

예) 이런 슬픈 기분이 든다는 것 깨달았다. 나는 상냥한 사람이 되고 싶다는 생각이 들었다.

싫었던 것, 슬펐던 것

➡

어떤 것을 배웠나요?

싫었던 것, 슬펐던 것

➡

어떤 것을 배웠나요?

싫었던 것, 슬펐던 것

➡

어떤 것을 배웠나요?

싫었던 것, 슬펐던 것

➡

어떤 것을 배웠나요?

STEP 02

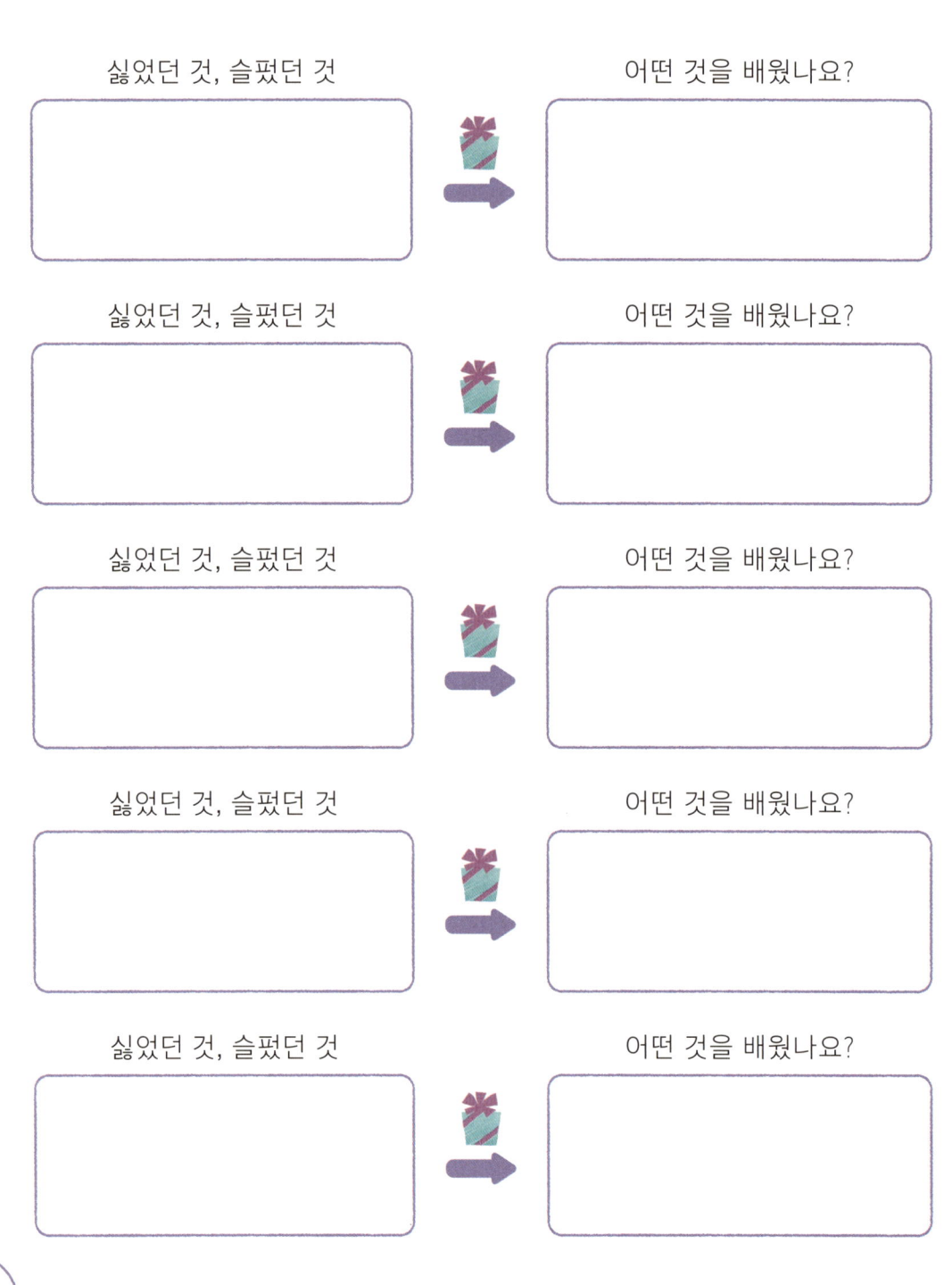

크게 심호흡을 하고,
풍선 안에 그 동안의 모든 감정을 불어넣어서
풍선을 묶어서 날려보아요.
속이 풀릴 때까지 몇 번이나 해보아요.

자신을 한 발 떨어져서 객관적으로 보세요.
지금 어떤 기분이에요? 생각한 것들을 자유롭게 써보세요.

기쁠 희(喜)=타인에게 받은 것에 대한 "기쁨"

기쁠 열(悅)=자신의 안에서 솟아오르는 "기쁨"

즐거울 환(歡)=소원이 이루어졌을 때의 "기쁨"

경사 경(慶)=축하할 때 표현하는 "기쁨"

사람은 자신의 기쁨이 다른 사람의 기쁨으로 바뀔 때 행복과 삶의 보람을 느낍니다.

즉, 자신만의 기쁨보다 다른 사람과 기쁨을 공유할 수 있는 기회를

늘려 나가면, 삶이 더욱 충만하고 발전해 간다는 것이죠.

이 과정을 반복해 나간다면 인연이나 기회, 돈의 순환으로 바뀌게 됩니다.

우선 자신의 기쁨을 찾아 다른 사람에게도 기쁨이 되는 형태를 찾아보아요.

STEP 03
현재 워크

라이프 맵/현재 위치 알자

"당신의 인생이 한 편의 영화라고 생각하면?"
이번 활동에서, 자신의 인생을 다시금 객관적으로 바라보세요.
당신은 인생의 경험을 통해 '자신이 사랑받고 있다'
'무슨 일이 있어도 괜찮다'는 것을 느끼고 싶을지도 모릅니다.
당장 앞이 캄캄할지라도, 괴롭다고 느낄지라도 길게 보면,
모든 경험은 당신이라는 인생영화를 채워가는 영화의 한 장면입니다.
지금의 경험은 무엇을 배우기 위한 것인지 객관적으로 바라보아요.

동영상 해설

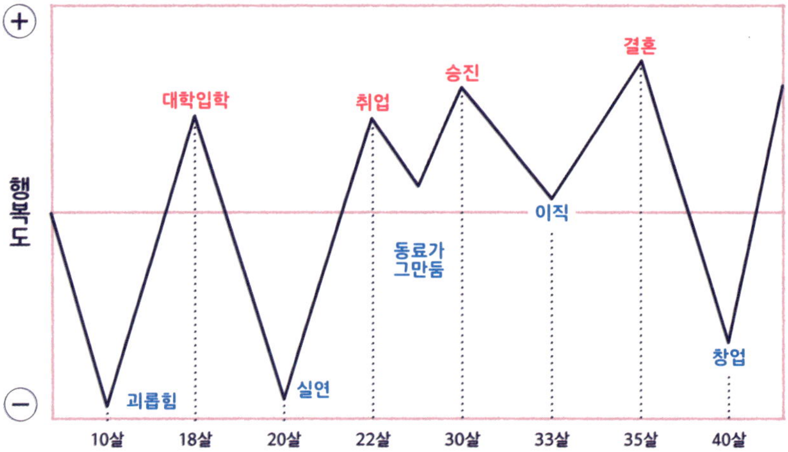

인생의 분기점과 경험을 생각해 보자
(기뻤던 일·슬펐던 일 등)

예) 반장이 되었다.

원하던 회사에 입사할 수 있었다.

당신의 인생 차트

(+)

행복도

(−)

깨달은 것이나 감정 등 느낀 것을 계속 적어 보자

운이 좋았던 일을 기억해보자

내가 바란 것을 이루어 볼 경험, 싱크로니시티*(동시성)을 적어보자

*의미있는 우연의 일치

예 갑자기 추가 수입이 생겼다. 동경하는 사람을 우연히 전철 안에서 만났다.

최근에 있었던 기쁜 일

STEP 03

내 안에 있는 멋진 말들을 모으자
좋은 말은 인생을 바꾼다.

듣고 기뻤던 말 리스트

예 당신이 있는 것만으로 기운이 나요! 고마워요.

기분이 업(up)되는 말 리스트

긍정 확언

좋아하는 말, 문구를 사용하여 자신만의 특별한 말을 만들자
매일 그 말을 반복함으로써, 그 말 자체가 당신 인생에 행운의 부적이 된다.

예 괜찮아 다 잘 되고 있어.

우울할 때일수록 이것을 생각하며 소리내어 말해보자.
"역시 나는 운이 좋아♪"
"괜찮아, 다 잘 되고 있어♪"

자신을 객관적으로 바라보며 지금 느낀 것을 자유롭게 써 보자

자신이 생기가 넘치는 순간을 알자

나답게 살 때=생기가 넘치고 빛나고 있는 상태.
나답게 살 수 없을 때=고통스러운 상태.
나를 사랑하고, 어떤 나라도 받아들이고 즐길 수 있을 때
일도 인간관계도, 신기하게 순조롭게 풀립니다.
"당신이 자신을 최대한 표현할 수 있을 때는 어떤 순간인가요?"
설레는 마음으로 행동하면 인생은 원하는 방향으로 가기 쉬워집니다.
멀리서 자신을 바라보고 나 만의 설렘 포인트를 찾아 냅시다.

동영상 해설

당신이 빛나는 순간, 즐겁다고 생각하는 순간은 언제인가요?

💗 언제 마음이 설레나요?

💗 언제 마음이 뜨거워지나요?

💗 언제 의욕이 생기나요?

💗 언제 신난다고 느끼나요?

💗 언제 자신감이 넘치게 되나요?

💗 어떤 노래를 들으면 신나나요?

좋아하는 것
좋아하는 사람, 좋아하는 것, 좋아하는 곡, 좋아하는 장소, 좋아하는 색 등…

예 여행하기, 예쁜 경치 보기, 노래방 가서 노래하기

객관적으로 자신을 분석해 보자

싫어하는 것

싫어하는 사람, 싫어하는 것, 싫어하는 곡, 싫어하는 장소, 싫어하는 색 등…

예 내키지 않는 술자리에 참석하는 것, 불평만 하는 사람

객관적으로 자신을 분석해 보자

STEP 03

잘하는 것
기분 좋게 할 수 있는 것, 몰입할 수 있는 것, 노력하지 않아도 할 수 있는 것

예 글을 쓰는 것, 말로 전달하는 것

객관적으로 자신을 분석해 보자.

잘하지 않는 것
하는 것 자체가 어려운 것, 미루기 쉬운 일, 하고 싶지 않은 것

예 사람들 앞에서 말하기, 돈 계산하기

객관적으로 자신을 분석해 보자.

좋아하는 것과 잘하는 것으로 순환을 일으키자

'당신의 기쁨'이 '타인의 기쁨'이 되는 것이 본인의 직업이 될 수 있습니다.
돈도 인연도 운도 모두 '사람'이 가져오는 것이기 때문에,
자신이 기뻐했을 때, 다른 사람도 기뻐해줬던 것을 떠올려보아요.
좋아하는 것을 통해서 경제적으로나 정신적으로 풍요로워지는 가장 큰 비결은,
당신이 당신의 가치를 최대한 자각하고 그것을 이용하는 것입니다.
기꺼이 받아주는 사람(감사의 숫자)이 늘어남으로써,
그 순환이 확대되어, 돈이나 인연으로서 더 크게 돌아옵니다.

동영상 해설

옆사람을 편안하게 하는 것이 일하는 것.

(공급) 기쁨 × (수요) 즐거움 = 일

발전해 확대해 간다

시간 사물 정보
감사의 순환
돈

좋아하거나 잘하는 것을 통해, 사람들을 기쁘게 해줄 수 있는 일을 찾아보자

◆ 스스로 무아지경(몰입)에 빠지는 순간은?
　예) 모르는 것을 접할 때 철저히 알아 냄

◆ 어떨 때 주위 사람들이 기뻐하는가?
　예) 내가 조사한 것을 남에게 잘 설명했을 때

◆ 항상 칭찬받는 행동은?
　예) 다른 사람이 모르는 것을 자세히 알고 있다는 말을 듣는다.

◆ 부탁 받지 않아도 하게 되는 것은?
　예) 모른다고 하면 자세히 가르쳐 주고 싶어진다.

◆ 돈을 내더라도 하고 싶은 것은?
　예) 모두가 모르는 것을 알기 쉽게 가르치는 것

◆ 해도 해도 지치지 않는 것은?
　예) 많은 정보를 모으거나 책을 읽는 것

◆ 어릴 때부터 좋아했고 지금도 좋아하는 것은?
　예) 우주에 대한 책을 읽는 것. 우주에 대해 조사하여 새로운 발견을 하는 것.

STEP 03

지금까지 '경험'해 온 것이나 '몰입'해 온 것은?

_____   _____
_____   _____
_____   _____
_____   _____
_____   _____
_____   _____
_____   _____
_____   _____

당신이 '좋아하는 것'으로 '누군가의 기쁨'이 될 만한 것은?

자유롭게 써보자

STEP 03

자기 일의 특성을 알아보자

당신은 경영자·연예인형? 연구자·지원자형?

- Q. 가르치는 것을 좋아하는가? YES or NO
- Q. 사람들과 소통하는 것을 좋아하는가? YES or NO
- Q. 팀과 협업하는 것을 좋아하는가? YES or NO
- Q. 고객을 대하는 일을 좋아하는가? YES or NO
- Q. 사람을 지원하는 것을 좋아하는가? YES or NO
- Q. 단순작업을 좋아하는가? YES or NO
- Q. 한 직장에 매여 있는 것에 묶이는 것이 불편한가? YES or NO
- Q. 자기표현을 좋아하는가? YES or NO
- Q. 무언가 고찰하거나 하나에 깊이 파고드는 것을 하는가? YES or NO
- Q. 사람들 앞에 서는 것에 즐거움을 느끼는가? YES or NO
- Q. 목표를 세우는 것을 좋아하는가? YES or NO
- Q. 적극적으로 위험을 감수하는 타입인가? YES or NO
- Q. 새로운 아이디어를 내는 것을 잘하는가? YES or NO
- Q. 공부나 자격증 취득하는 것을 좋아하는가? YES or NO
- Q. 결정이 빠른 편인가? YES or NO

YES or NO 각각 몇 개인가요?

YES가 7개 이상인 사람은 경영자·연예인형 NO가 7개 이상은 연구자나 지원자형

결과를 통해, 자신의 특성을 객관적으로 보고 깨달은 것을 메모해보자.

직감을 연마하자

직감이란 여섯 번째 감각입니다. 오감이 날카로워졌을 때, 여섯 번째 감각인 직감이 개화합니다.
오감은 '시각·청각·후각·미각·촉각'을 말합니다.
지금 이 순간을 사는 것(느끼는 것)으로, 오감이 예민해집니다.
오감이 예민해질수록 직감도 예민해집니다.
직감이 날카로워질수록 위화감에도 민감해지고,
지금의 나에게 무엇이 필요하고 불필요한지 판단할 수 있게 됩니다.
즉, 직감을 연마하면 연마할수록, 원하는 미래를 향한 이정표가 됩니다.

동영상 해설

매일 매순간 느껴보자

지금 만지고 있는 것은? 그 느낌은?

어떤 소리가 들려?

어떤 향이 나?

어떤 분위기야? 따뜻해? 차가워?

무슨 맛이 나?

앉아있는 의자의 느낌은?

감각하는 힘을 키움으로써 원하는 미래로 가기 쉬워져요.
지금 느끼고 있는 것을 말로 표현하는 습관을 길러나가요!
지금 느끼는 대로 써보세요.

놓아줄 것(물건)을 정하자

사실은 하고 싶지 않지만… 어쩔 수 없이 하고 있는 것은 없나요?
지금의 환경, 인간관계, 가지고 있는 것, 생각, 일(내용)을
놓아줌으로써, 홀가분한 당신이 되어 현실이 바뀌어 갑니다.
〈외부〉 장소, 환경, 사물, 사람 등
〈내부〉 사고방식, 의식, 시간 사용법
필요 없는 것들을 버리고 나면 그 빈 공간에 새로운 인연과,
일, 돈 등 당신에게 맞는 것이 찾아옵니다.

동영상 해설

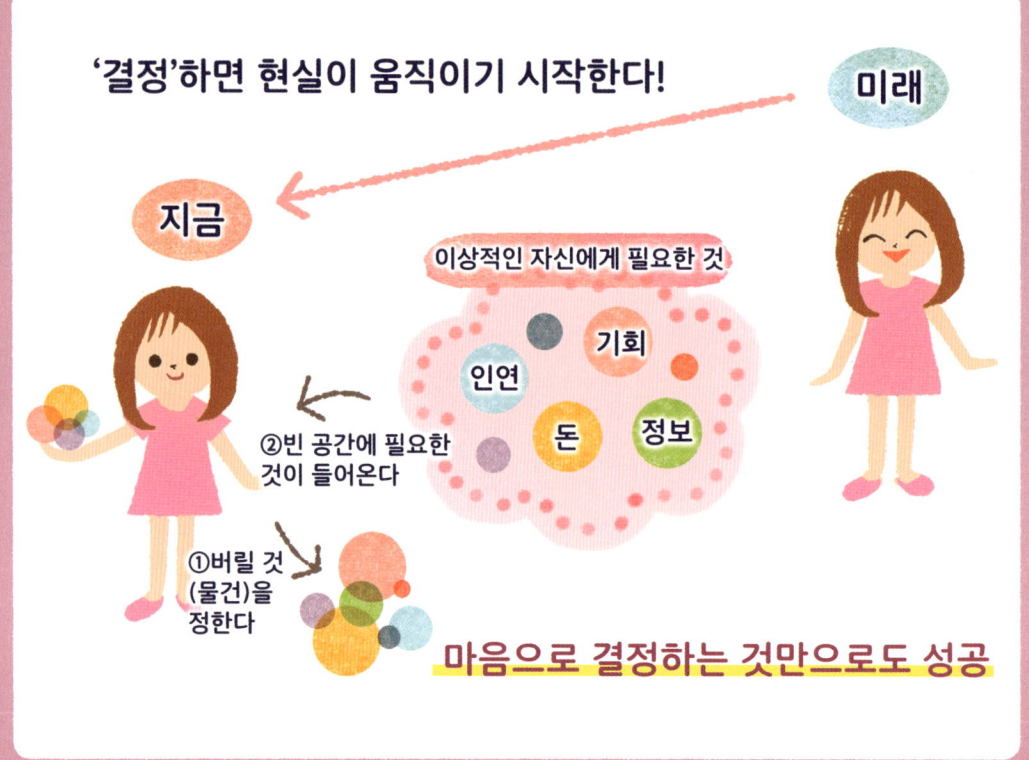

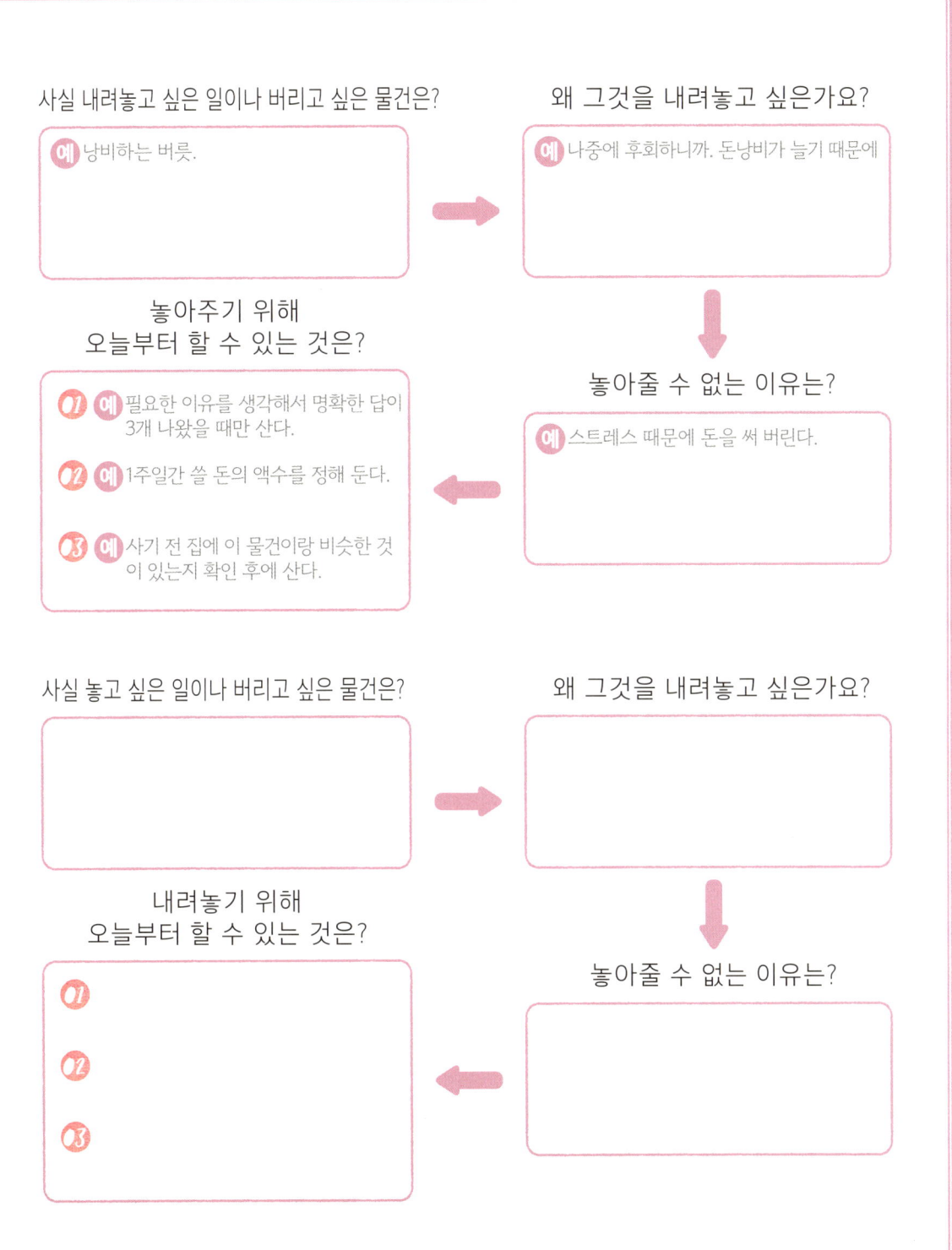

STEP 03

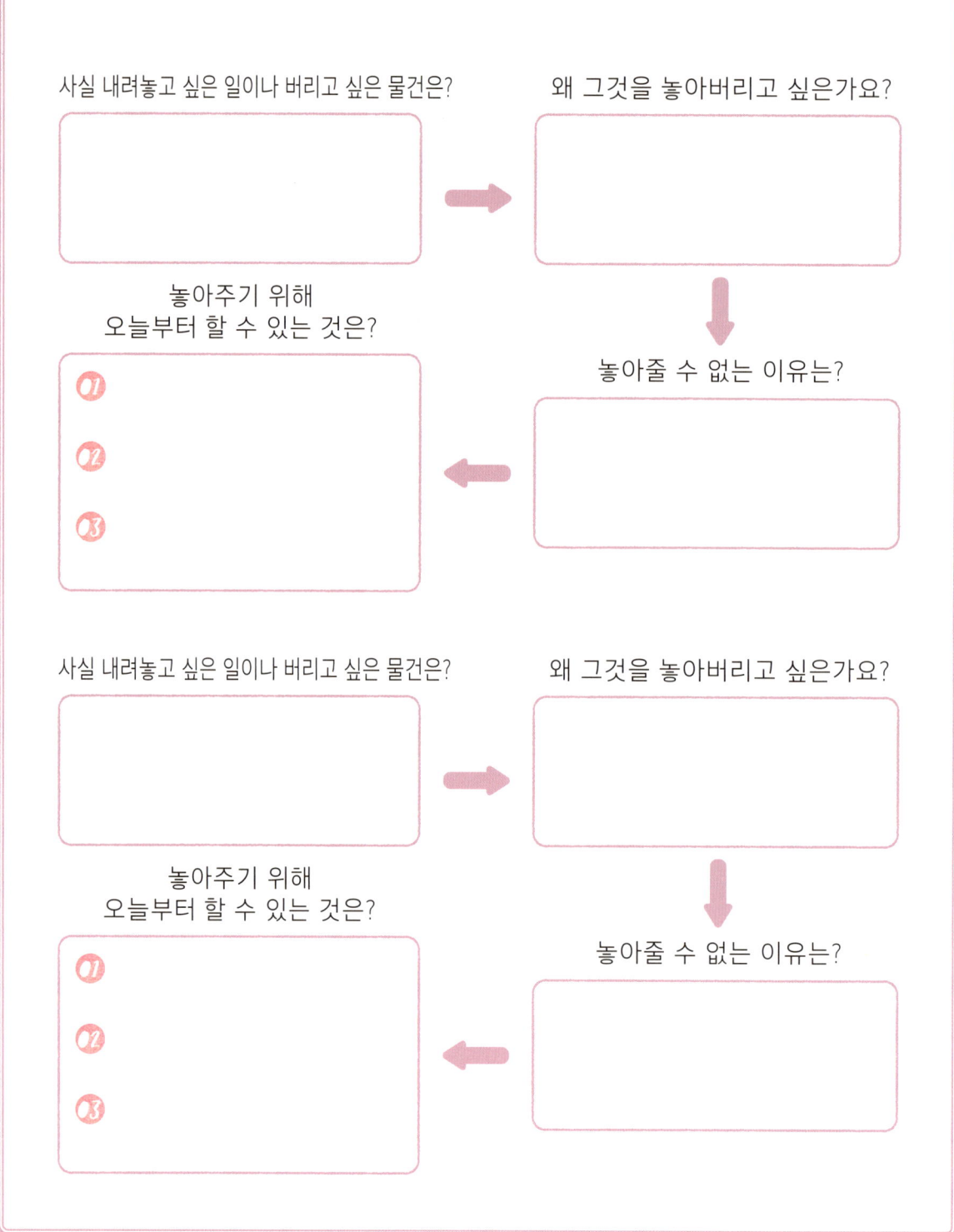

두려울 땐 GO!

두근두근 ✕ 콩닥콩닥

작은 한걸음이
상상도 못할 최고의 미래에
당신을 데려다 줄거예요.

'두려움'을 '용기'로 바꾸자

내려놓겠다고 결정하거나 도전하는 것은 누구에게나 두려울 것입니다.
지금까지 있던 안전지대를 벗어나는 것이기도 하니까요.
내려놓으면 크게 변할거라는 것을 알고 있기에 더더욱 갈등도 클 것입니다.
한 걸음이면 돼! 자신을 믿어보세요. 자신의 미래를 믿어봐요.
반 년 후, 1년 후 "괜찮았다"고 생각되는 때가 꼭 옵니다.
두려움과 마주하는 경험, 그 "작은 한 걸음을 반복하는 것"이야말로
상상을 뛰어넘는 최고의 미래로 당신을 이끌어 줄 거예요.

동영상 해설

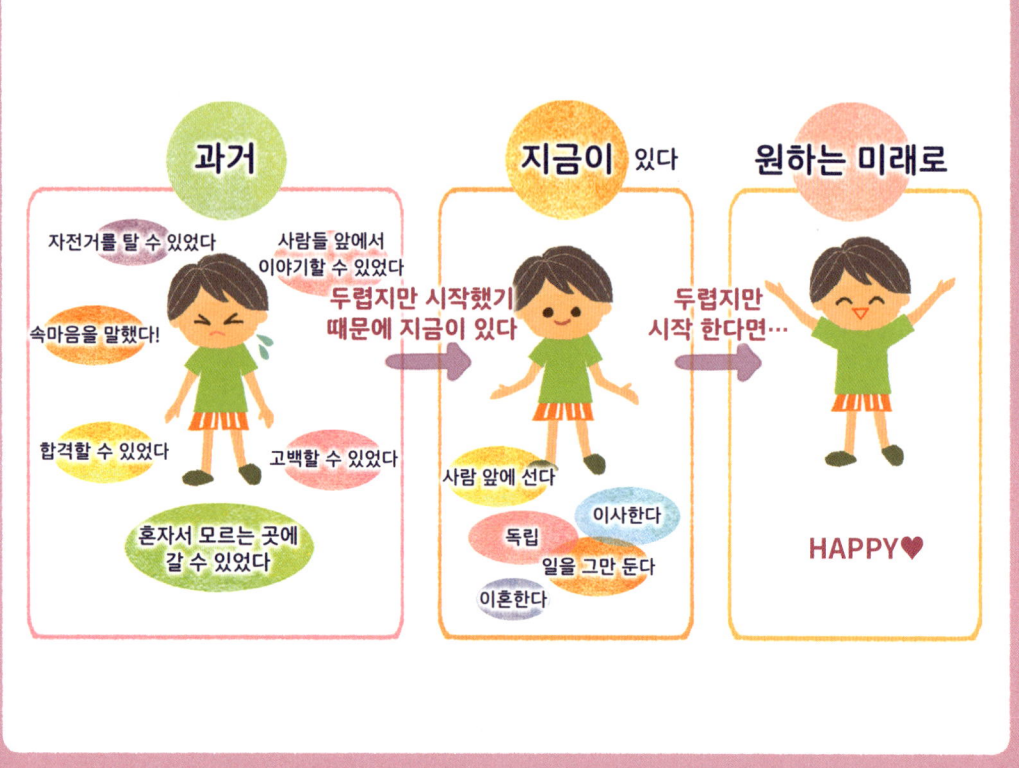

두려울땐 GO! 하고 잘 된 일을 적어보자

용기 내서 고백했어, 무섭지만 아빠한테 속마음을 말할 수 있었어.
될지 안 될지 모르지만 시험에 도전해서 합격할 수 있었어.
조금 비싸지만 갖고 싶은 것을 샀어 등등

모든 사람에게 평등하게 주어진 '시간'

"시간=생명"

어떤 선택·행동을 하는지에 따라 인생은 크게 달라집니다.

부자든 가난한 사람이든 유일하게 평등한 것은 '시간'뿐입니다.

즉, **"24시간을 어떻게 쓸 것인가?"를,**

얼마나 진지하게 생각하고 있는지가 중요합니다.

만나고 싶은 사람만 만나고. 가고 싶은 곳만 간다.

즐거운 일만 하고, 기쁜 일만 해 등등…

당신은 오늘부터 어떻게 시간(생명)을 쓰겠습니까?

STEP 04
미래 설정 워크

상상하며 본심을 알아차리자

인생은 한번 뿐입니다. 당신은 "진짜" 무엇을 하고 싶나요?
"무엇이든 할 수 있다면…", "다시 태어난다면…?"
머릿속은 자유롭기 때문에 한계를 넘은 상상을 즐겨보아요.
지금의 현실이 어떻든, 우선은 의식속에서 "한계를 넘어"보면,
이상하게 설레기도 하고, 히죽히죽 웃게 되고 이 순간이 즐거워질 거예요.
머릿속 한계를 벗어나는 것은 지금 이 순간부터 할 수 있는 일입니다.
그 상상 속에서 이상적인 미래와 자신의 마음이 보일거예요.

동영상 해설

우선은 머릿속에서라도
틀(제한)을 벗어나는 것이 이상적인 미래를 향한 첫걸음

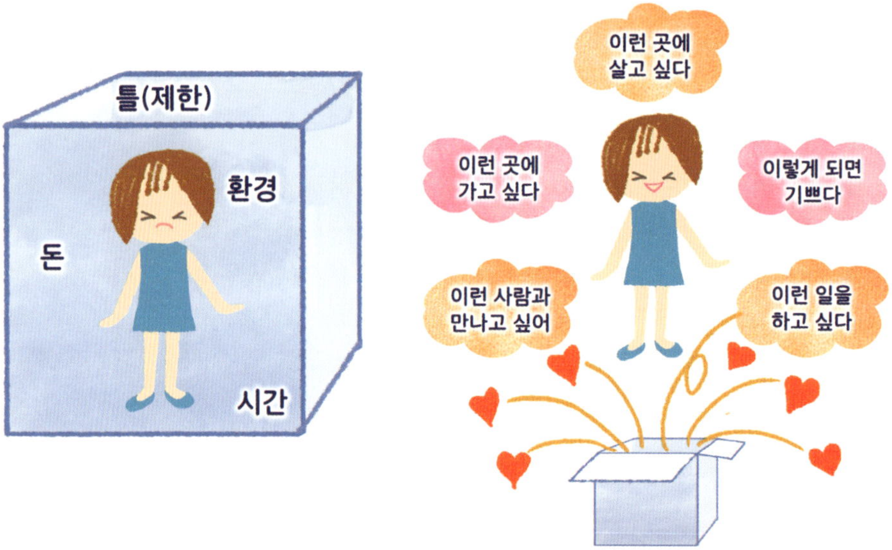

만약 다시 태어난다면…

무한한 돈이 있다면?

예 큰 집에서 산다.

무한한 시간이 있다면?

예 남쪽 섬으로 간다.

무엇이든지 할 수 있다면 무엇을 하고 싶을까요?
어떤 장소에서, 누구와 함께 있나요? 어떤 풍경인가요?

예 해가 보이는 남쪽 섬에서 큰 집에 온 가족이 살고 있다.

부담없이 자유롭게 써봐요 ♪

STEP 04

더많이 상상하고, 이루고 싶은 것을 적어보자
살고 싶은 곳, 갖고 싶은 것, 도전해 보고 싶은 것,
배우고 싶은것, 미용이나 자기관리, 맛보고 싶은 욕구 등

STEP 04

STEP 04

이루어졌을 때의 감정을 느껴 보자

꿈을 이루기 위한 가장 큰 비결은, 이루어진 장면을 생생하게 이미지 하고,
이루어졌을 때의 감정을 "지금 여기"에서 마음껏 느끼는 것입니다.
또한 그 때 주변 사람들의 표정이나 풍경 등을 보다 구체적으로
이미지화 하며 그 반응에서 얻은 감정도 마음껏 느껴 보아요.
어떤 풍경? 어떤 옷차림? 주변 사람들이 당신에게 뭐라고 하나요?
꿈을 이룬 것처럼 행동하고, 감정을 먼저 느껴보는 것,
원하는 미래로 가는 가장 빠른 길입니다.

동영상 해설

상상력을 최대한 활용하자!!

①리얼한 비전
현장감 넘치게
이미지하기!

오감을 사용해서
이미지 해보기 ♪

②이루어졌을 때의 감정
설레임?
안도감? 기분이 업됨?

가슴에 손을 얹고
감정을 느껴보기

③주변사람들의 반응
주위 사람들은 뭐라고 하나요?
어떤 반응?

구체적으로 이미지화해보기 ♪

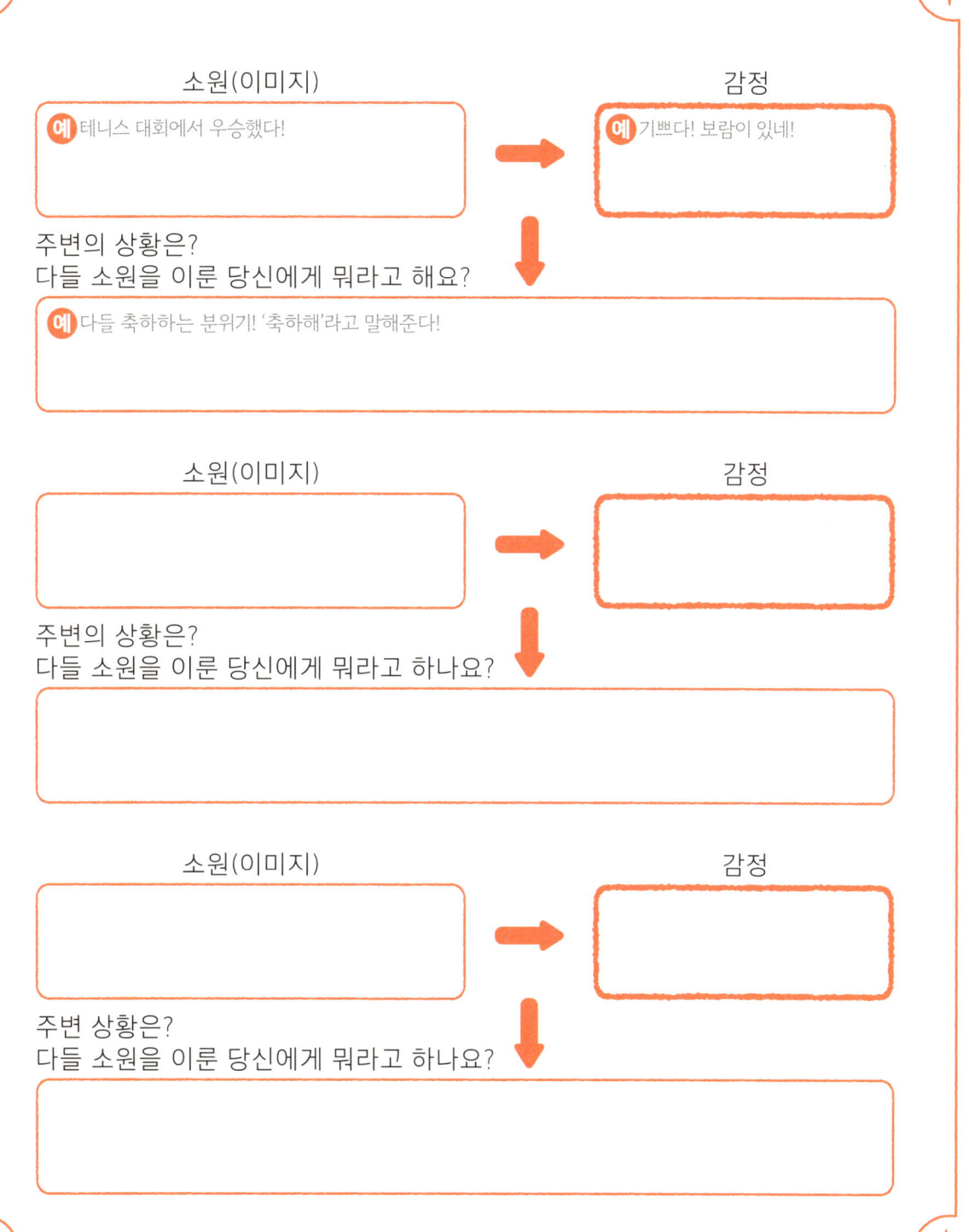

STEP 04

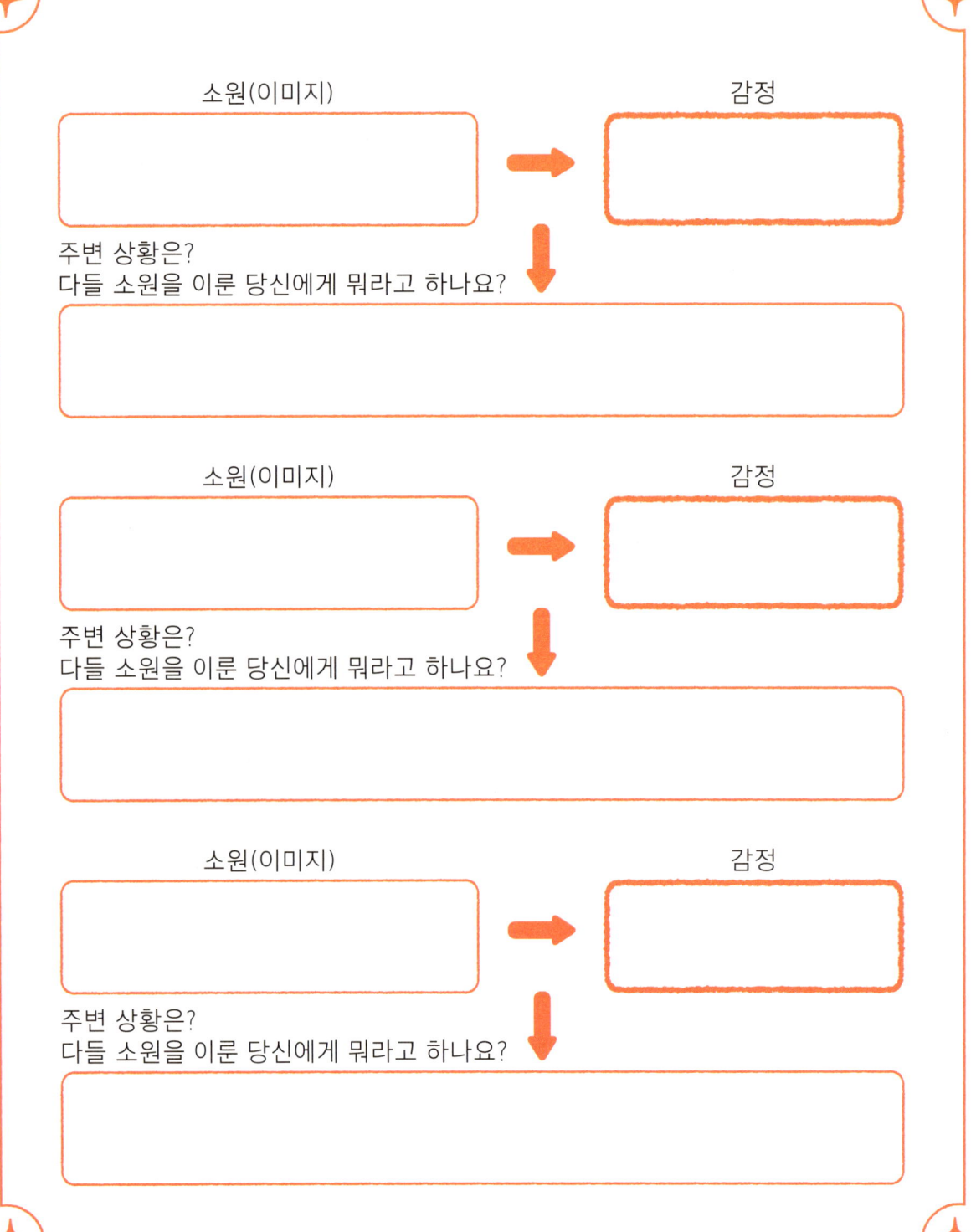

미리 축하하는 날을 정하자

꿈이나 나의 이상적인 상황을 명확히 설정했다면, 그것이 실현되는 것을
구체적으로 상상하며 성공을 축하해보아요.
"予祝(예축): 미리 축하"를 하자.
꿈이 이루어졌음에 감사의 마음을 담아,
미리 축하하고 기쁨을 맛보는 것으로 상상한 미래가 다가옵니다.

STEP 04

1년 후의 자신을 생생하게 상상해 보자

어떤 옷차림인가요?

어떻게 살고 있나요?

누구랑 있나요?

연 수입은 얼마인가요?

어떤 곳에 있나요?

어떤 향기가 나요?

당신의 주변 사람들은 뭐라고 해요? 자유롭게 적어봐요.

STEP 04

1년 후의 내가 지금의 나에게

년   월   일

STEP 04

3년 후의 자신을 생생하게 상상해 보자

어떤 옷차림인가요?

어떻게 살고 있나요?

누구랑 있어요?

연 수입은 얼마인가요?

어떤 곳에 있나요?

어떤 향기가 나요?

당신의 주변 사람들은 뭐라고 하나요? 자유롭게 적어봐요.

STEP 04

3년 후의 내가 지금의 나에게

년   월   일

STEP 04

10년 후의 자신을 생생하게 상상해 보자

어떤 옷차림인가요?

어떻게 살고 있나요?

누구랑 있나요?

연 수입은 얼마인가요?

어떤 곳에 있나요?

어떤 향기가 나요?

당신의 주변 사람들은 뭐라고 하나요? 자유롭게 적어봐요.

10년 후의 내가 지금의 나에게

년   월   일

지금의 고민을 미래의 나에게 물어보자

지금 당신이 안고 있는 고민도 미래의 자신이 되어 생각해 보면
해결되는 것이 많습니다. 현실에 사로잡혀 눈앞에 있는 일에만
빠져 있다 보면 어느 새 고민의 늪에 빠져버립니다.
발등만 보고 있으면 현재 위치에서 원하는 미래로 가는 길을 잃을 수 있어요.
그렇기 때문에 시선을 높여 자신의 고민을 객관적으로 보는 것이 중요합니다.
미래의 당신이 지금의 당신에게 조언을 해줍시다.
미래의 당신이 모든 답을 가지고 있다는 것을 알게 될 거예요.

동영상 해설

어떤 고민이든 멀리서 보면 힌트나 답이 발견된다

고민에 대한 인식이 바뀐다
↓
마음이 가벼워진다

이상적인 자신

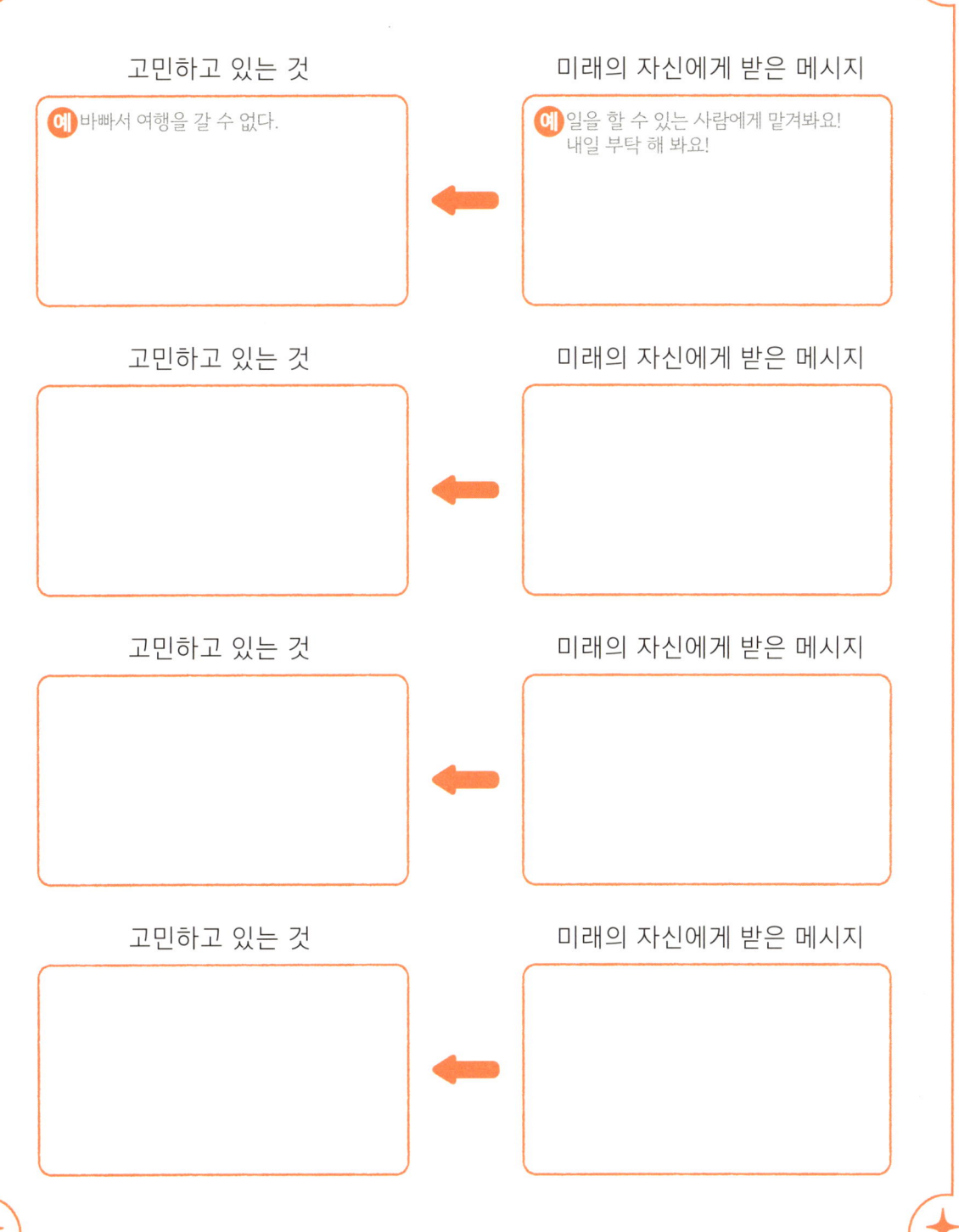

STEP 04

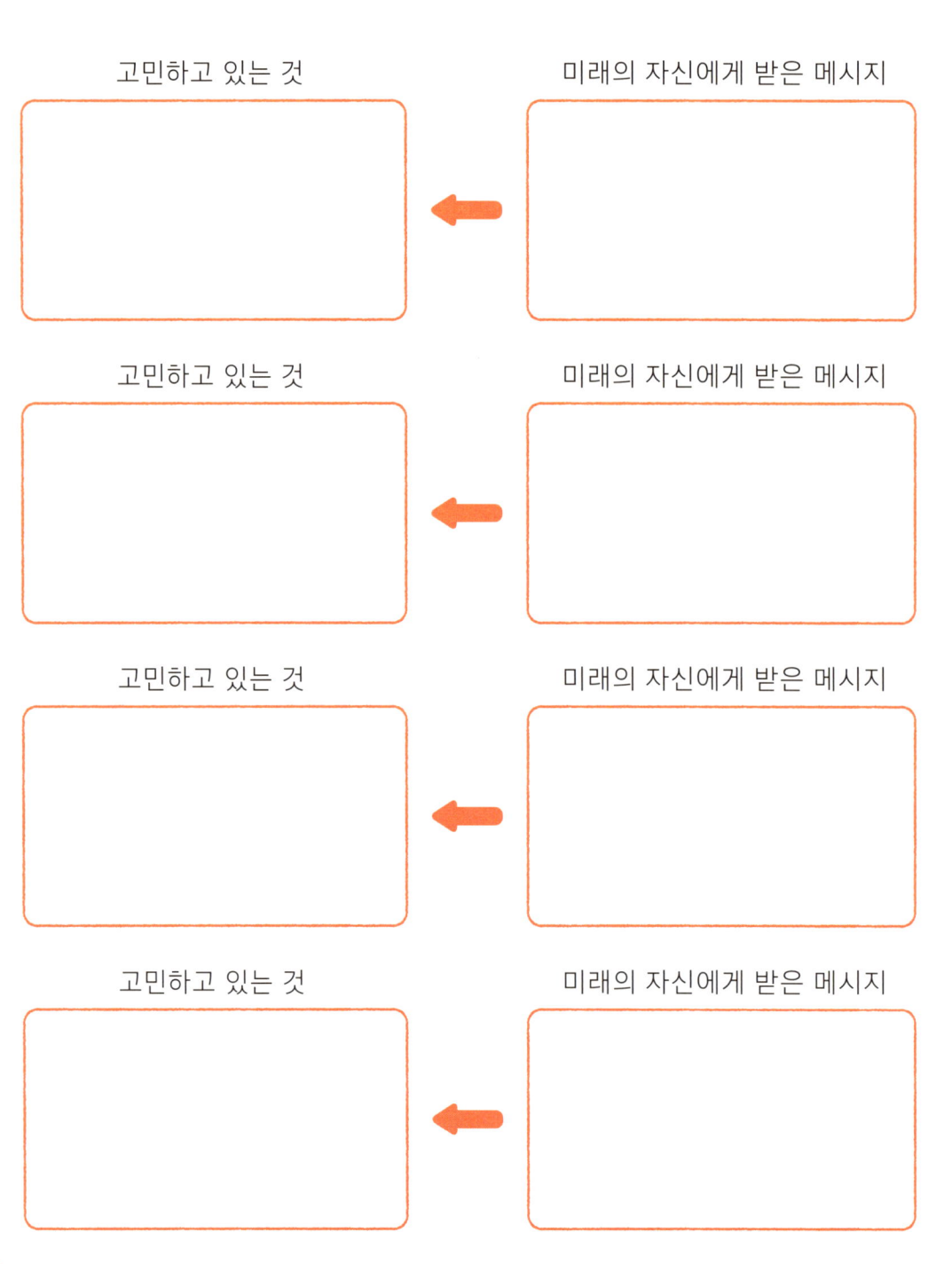

STEP 04

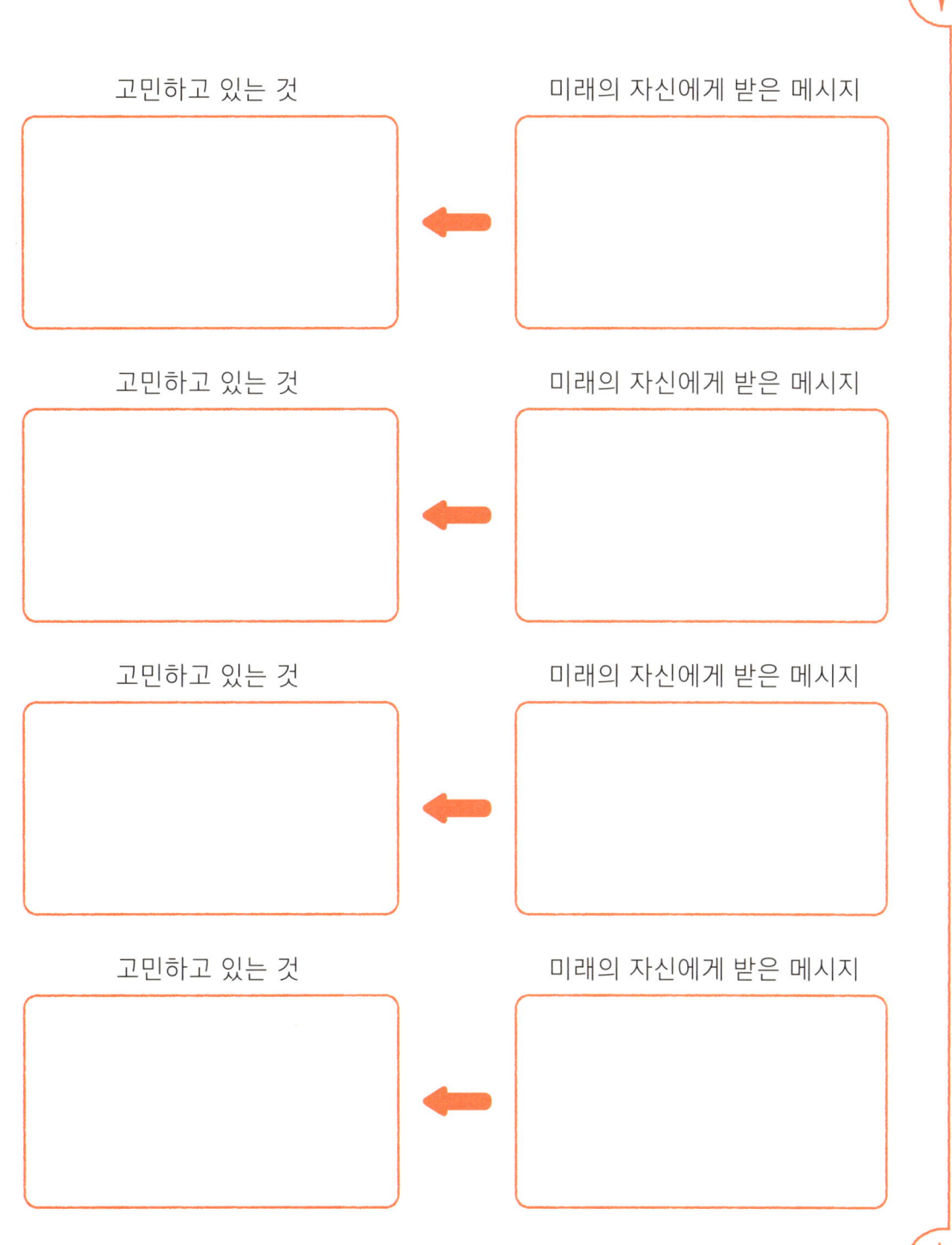

STEP 04

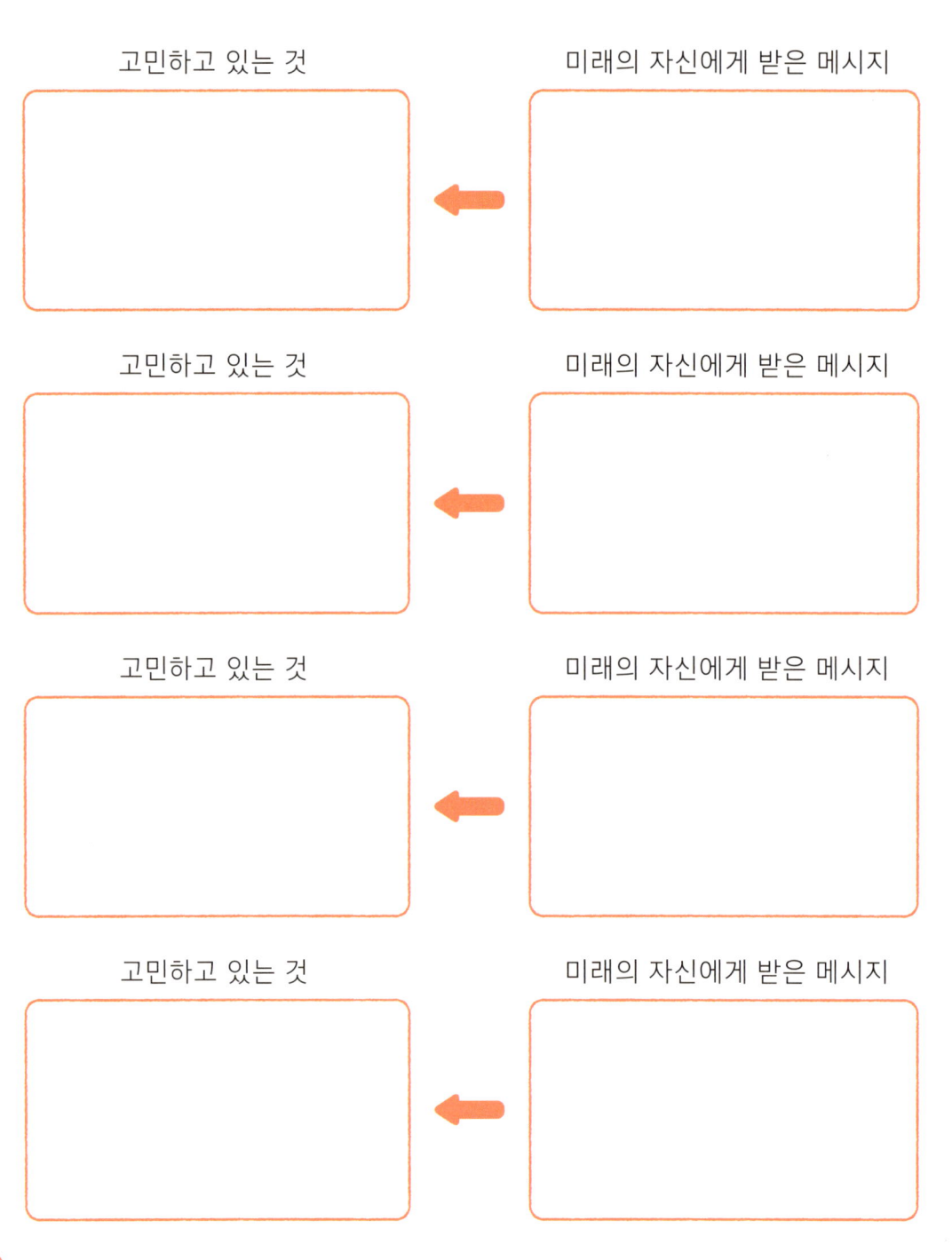

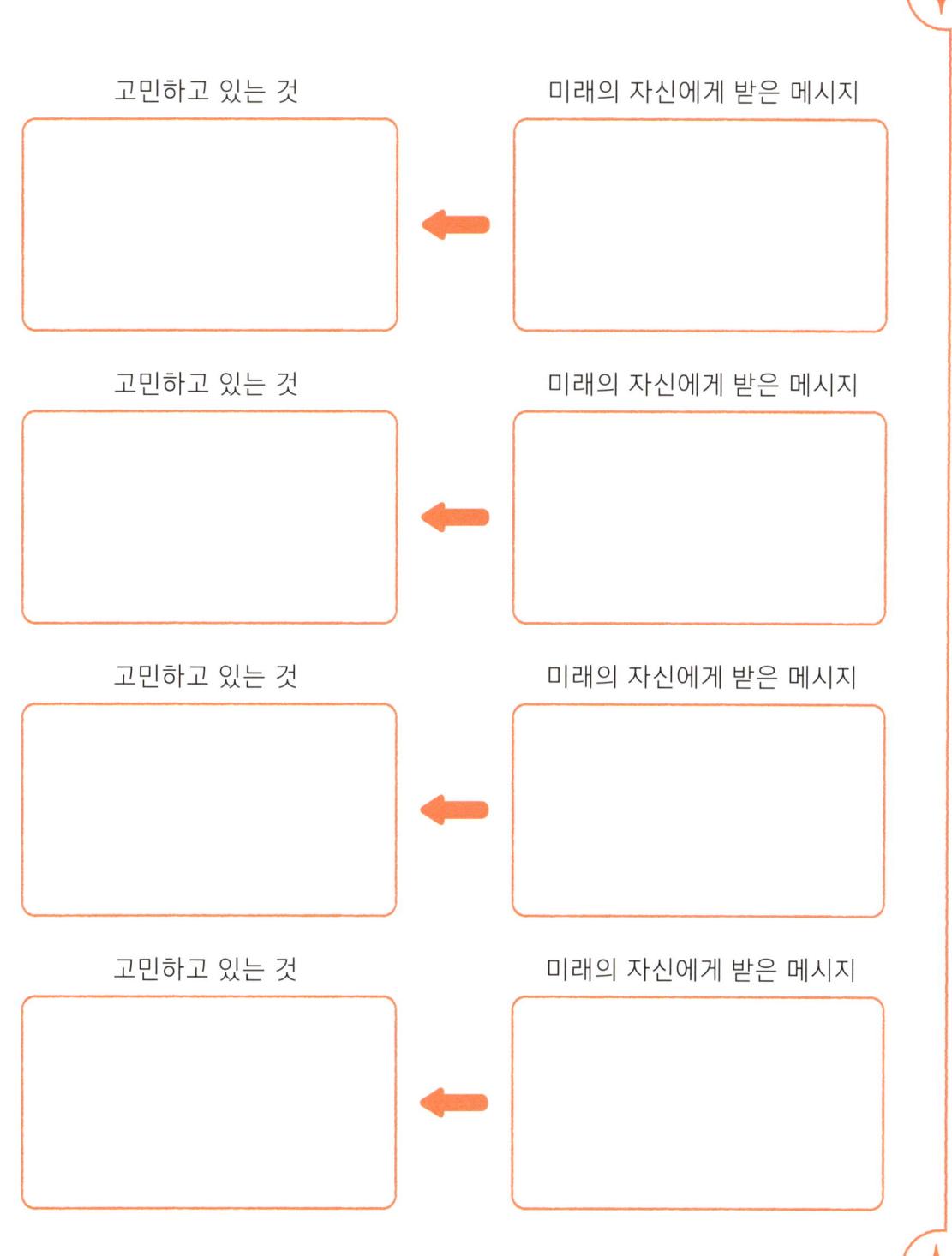

꿈을 이미 이룬 사람을 만나러 가자

"산에 오르려면 올라가 본 사람에게 어떻게 오르는지 물어보는 것이 좋다"
고로, 당신이 이루고 싶은 꿈을 이뤄가고 있는 사람의 조언을 들어봐요.
자신의 삶을 살지 않는 사람들은 당신의 꿈을 부정하는 경향이 있을 수도 있어요.
그러나 꿈을 계속 이뤄가고 있는 사람들은 당신의 꿈과 이상을 진심으로 응원해 줍니다.
그런 사람을 한 명이라도 만난다면 도전이 쉬워져요.
이상을 이루고 있는 사람의 가치관이나, 사고방식을 접함으로써,
공진 공명이 일어나, 이상적인 자신의 모습으로 나아가게 됩니다.

동영상 해설

누구와 있는가? 누구의 조언을 듣느냐가 중요해!!

당신을 진심으로
응원해주는 사람을
단 한 명이라도 찾아보자!

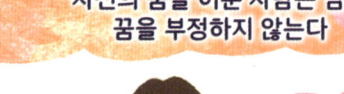
자신의 꿈을 이룬 사람은 남의
꿈을 부정하지 않는다

해 본 사람
본인의 이상을
이미 이뤄 본 사람

이 경치 최고야!
너도 올라 와

해 본적이 없는 사람
본인의 이상을
이루지 못한 사람

그만두는게 좋을걸?
넌 못할거야!

그 사람은 어떤 사람일까?

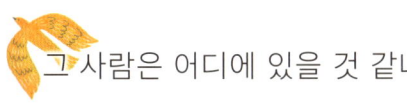 그 사람은 어디에 있을 것 같나요?

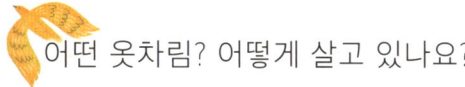 그 사람의 SNS는?
YouTube? Instagram?
어떤 이야기를 발신하고 있나요?

 그 사람의 말버릇은 뭔가요?

어떤 옷차림? 어떻게 살고 있나요?

 어떤 사람과 같이 있나요?

미래를 보다 구체적으로 설정하자

날짜나 숫자로 꿈을 명확히 하는 것을 '핀을 세운다'라고 합니다.
'당장! 반드시!'라는 눈앞의 결과를 요구하지 않고,
그렇게 되면 좋겠다고 가볍게 생각하는 것이 중요합니다.
날짜를 잡았으니 '서둘러서 열심히 해야지!'하고 초조해할 필요는 없어요.
생생하게 상상하며 핀을 세웁시다!
그 작은 결단으로, 당신의 의식이나 선택지가 바뀌기 시작하고,
원하는 미래로 나아갑니다.

동영상 해설

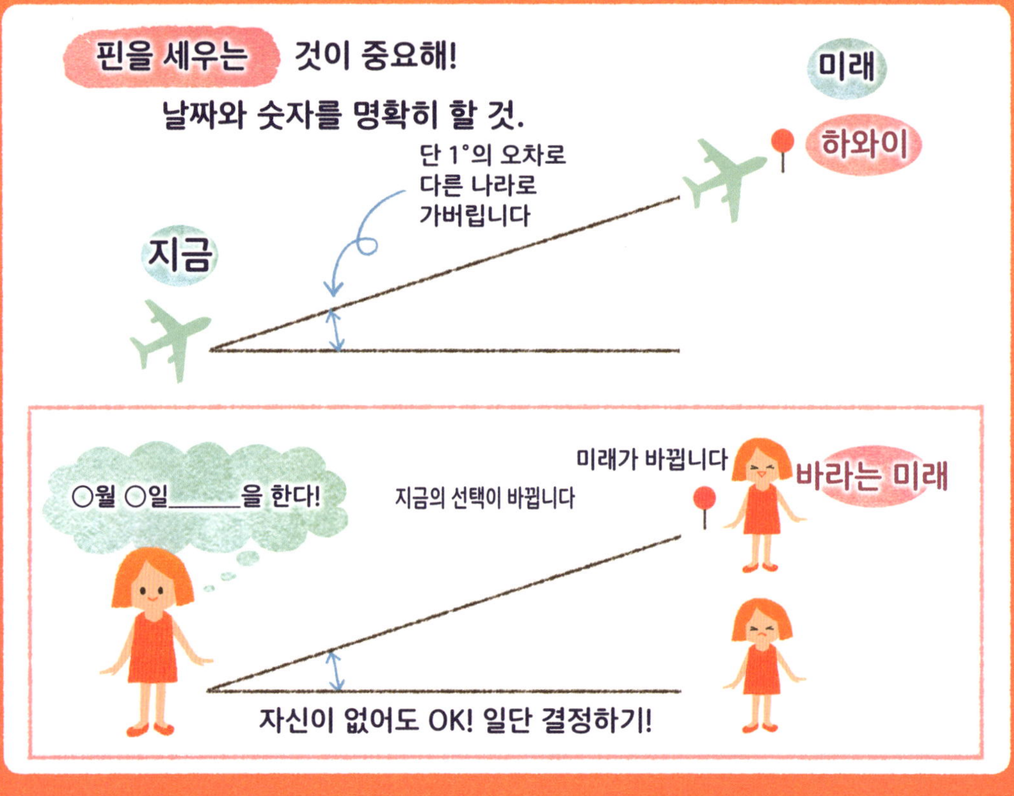

핀을 세우는 것이 중요해!
날짜와 숫자를 명확히 할 것.
단 1°의 오차로 다른 나라로 가버립니다
지금
미래
하와이

○월 ○일 ___을 한다!
미래가 바뀝니다
지금의 선택이 바뀝니다
바라는 미래
자신이 없어도 OK! 일단 결정하기!

날짜나 숫자(일시, 수입 등)를 명확히 하여 핀을 세우자

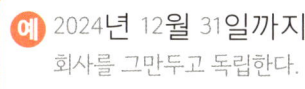 2024년 12월 31일까지
회사를 그만두고 독립한다.

년   월   일까지

년   월   일까지

년   월   일까지

년   월   일까지

년   월   일까지

STEP 04

년   월   일까지

년   월   일까지

년   월   일까지

년   월   일까지

년   월   일까지

년   월   일까지

STEP 04

결정하는 순간부터 모든 것이 움직이기 시작합니다.
미래를 결정하고 지금 할 수 있는 일을 먼저 해보아요.
원하는 미래로 크게 나아갈 수 있을 거니까요.

비전 보드

비전 보드는 꿈과 이상을 끌어당기는 도구 중 하나입니다.
가고 싶은 장소, 되고 싶은 모습, 이루고 싶은 꿈에 가까운 장면의
사진이나 잡지를 오려서 **당신의 꿈을 볼 수 있게 합시다.**
"백문이 불여일견"사람은 시각이 90%입니다.
비전 보드를 보면 볼수록 당신의 꿈은 자연스럽게
잠재의식에 스며들어 그 꿈에 가까워질 겁니다.

동영상 해설

STEP 04

VISION BOARD

STEP 04

STEP 04

VISION BOARD

"백만장자는 점성술을 믿지 않지만, 억만장자는 그것을 활용한다."

~ 금융왕 J.P. 모건이 남긴 격언 ~

'믿느냐' '믿지 않느냐'가 아니라,

"활용하느냐" "활용하지 않느냐"일 뿐입니다.

달의 차오름과 기울어짐에 따라 조수의 밀물과 썰물에 영향을 미치는 것처럼,

우주 별들의 배치와 지상에서 일어나는 사건이나 현실은

뗄래야 뗄 수 없는 관계입니다.

"별의 움직임'과 "현실의 움직임"을 살펴보기 시작하면,

당신의 인생 흐름은 크게 변화할 것입니다.

STEP 05
신월*보름달 워크
New Moon*Full Moon Work

신월*보름달 워크

전세계의 오래된 의학서에서도 "지구 생물은 달에 영향을 받는다"고 기재되어 있습니다.
인체는 60~70%가 수분으로 이루어져 있어, 항상 서로에게 영향을 주며
달의 인력과 우리는 뗄래야 뗄 수 없는 관계입니다.
달의 리듬을 삶에 활용하는 것으로 인생의 흐름을 타게 되고, 더 나아가 소망도
실현하기 쉬워집니다. 삶에 긴장을 조금은 내려놓고
자연의 사이클을 살펴 자신의 인생에 도입해 봅시다.

신월 새로운 일 시작

새로운 시작을 의미하며 새로운 일을 시작하거나 결단하기에 가장 적합합니다. 걱정은 내려놓고 하고 싶은 것을 정해봐요.

보름달 놓아주기

지금까지 당연하게 생각하고 있던 것을 재검토하거나 받아들이는 것 등, 새로운 단계로가기 위해 내려놓는 타이밍. 자신과 마주하는 시간을 만드는 것이 중요한 날.

쓰기 포인트

- 과거 완료형으로 "OO할 수 있었습니다"와 같은 식으로 쓴다.
- 감정을 느끼고, 생생하게 쓴다.
- 신월, 보름달 시작 후 48시간 이내에 쓰면 이뤄지기 쉽다.
- 생각하지 못하거나 쓸 수 없어도 OK!
- 잘 쓰지 않아도 되니까, 부담없이 쓰자.

STEP 05

WORK

New Moon
새로운 결의나 새로운 무언가를 시작하는 씨를 뿌리는 타이밍

 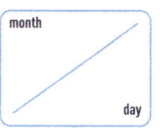

이달의 주제
인간관계나 커뮤니케이션에 관한 것

동영상 해설

6 월 6 일 신월의 소원

① 새로운 커뮤니티에 들어가서 새로운 친구가 생겼어요.

② 좋아하는 사람과 천천히 차를 마실 수 있었습니다.

③ 자신에게 정직하게 살 수 있었습니다.

STEP 05

WORK

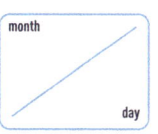
Full Moon
결실에 대한 감사, 다음 스테이지를 향해 내려놓을 것을 결정하는 타이밍

이달의 주제
노력의 방향점을 바꾸자

6 월 22 일 보름달의 소원

① 가족과의 소중한 시간을 보내기 위해 야근을 그만두었습니다.

② 가고 싶지않은 술자리에 무리하게 참여하는 자신을 놓아주었습니다.

③ 혼자서 끙끙대며 애쓰는 습관을 버렸습니다.

④

STEP 05
WORK

New Moon
새로운 결의나 새로운 무언가를 시작하는 씨를 뿌리는 타이밍

month / day	이달의 주제

월　　일 신월의 소원

1.
2.
3.
4.
5.
6.
7.
8.
9.
10.

STEP 05

WORK

Full Moon

결실에 대한 감사, 다음 단계를 향해 내려놓을 것을 결정하는 타이밍

| month / day | 이달의 주제 |

월   일 보름달의 소원

1.
2.
3.
4.
5.
6.
7.
8.
9.
10.

STEP 05

WORK

New Moon
새로운 결의나 새로운 무언가를 시작하는 씨를 뿌리는 타이밍

month / day	이달의 주제

월   **일 신월의 소원**

1.
2.
3.
4.
5.
6.
7.
8.
9.
10.

STEP 05
WORK

FullMoon

결실에 대한 감사, 다음 단계를 향해 내려놓을 것을 결정하는 타이밍

| month / day | 이달의 주제 |

월   일 보름달의 소원

1.
2.
3.
4.
5.
6.
7.
8.
9.
10.

STEP 05

WORK

New Moon
새로운 결의나 새로운 무언가를 시작하는 씨를 뿌리는 타이밍

month / day	이달의 주제

월   일 신월의 소원

1.
2.
3.
4.
5.
6.
7.
8.
9.
10.

STEP 05

WORK

FullMoon

결실에 대한 감사, 다음 단계를 향해 내려놓을 것을 결정하는 타이밍

| month / day | 이달의 주제 |

월　　　일　보름달의 소원

1.
2.
3.
4.
5.
6.
7.
8.
9.
10.

STEP 05
WORK

New Moon
새로운 결의나 새로운 무언가를 시작하는 씨를 뿌리는 타이밍

month / day	이달의 주제

월   일 신월의 소원

1.
2.
3.
4.
5.
6.
7.
8.
9.
10.

STEP 05

WORK

Full Moon

결실에 대한 감사, 다음 단계를 향해 내려놓을 것을 결정하는 타이밍

	이달의 주제

월　　　일 보름달의 소원

1.

2.

3.

4.

5.

6.

7.

8.

9.

10.

STEP 05
WORK

New Moon
새로운 결의나 새로운 무언가를 시작하는 씨를 뿌리는 타이밍

month / day	이달의 주제

월   일 신월의 소원

1.
2.
3.
4.
5.
6.
7.
8.
9.
10.

STEP 05

WORK

FullMoon

결실에 대한 감사, 다음 단계를 향해 내려놓을 것을 결정하는 타이밍

month / day	이달의 주제

월   일 보름달의 소원

1.
2.
3.
4.
5.
6.
7.
8.
9.
10.

STEP 05
WORK

New Moon
새로운 결의나 새로운 무언가를 시작하는 씨를 뿌리는 타이밍

month / day	이달의 주제

월	일	신월의 소원
1		
2		
3		
4		
5		
6		
7		
8		
9		
10		

STEP 05

WORK

FullMoon

결실에 대한 감사, 다음 단계를 향해 내려놓을 것을 결정하는 타이밍

| month / day | 이달의 주제 |

월   일 보름달의 소원

1.

2.

3.

4.

5.

6.

7.

8.

9.

10.

141

STEP 05
WORK

New Moon
새로운 결의나 새로운 무언가를 시작하는 씨를 뿌리는 타이밍

month / day

이달의 주제

월　　일 신월의 소원

1.
2.
3.
4.
5.
6.
7.
8.
9.
10.

STEP 05

WORK

FullMoon

결실에 대한 감사, 다음 단계를 향해 내려놓을 것을 결정하는 타이밍

| month / day | 이달의 주제 |

월　　　일　보름달의 소원

1.
2.
3.
4.
5.
6.
7.
8.
9.
10.

STEP 05
WORK

New Moon
새로운 결의나 새로운 무언가를 시작하는 씨를 뿌리는 타이밍

month / day	이달의 주제

월   일 신월의 소원

1.
2.
3.
4.
5.
6.
7.
8.
9.
10.

STEP 05

WORK

FullMoon

결실에 대한 감사, 다음 단계를 향해 내려놓을 것을 결정하는 타이밍

month / day	이달의 주제

월　　일 보름달의 소원

1.
2.
3.
4.
5.
6.
7.
8.
9.
10.

STEP 05
WORK

New Moon
새로운 결의나 새로운 무언가를 시작하는 씨를 뿌리는 타이밍

month / day	이달의 주제

월   **일 신월의 소원**

1.
2.
3.
4.
5.
6.
7.
8.
9.
10.

STEP 05

WORK

FullMoon

결실에 대한 감사, 다음 단계를 향해 내려놓을 것을 결정하는 타이밍

| month / day | 이달의 주제 |

월   일 보름달의 소원

1.

2.

3.

4.

5.

6.

7.

8.

9.

10.

STEP 05
WORK

New Moon
새로운 결의나 새로운 무언가를 시작하는 씨를 뿌리는 타이밍

month / day	이달의 주제

월   일 신월의 소원

1.
2.
3.
4.
5.
6.
7.
8.
9.
10.

STEP 05

WORK

FullMoon

결실에 대한 감사, 다음 단계를 향해 내려놓을 것을 결정하는 타이밍

month / day	이달의 주제

월   일 보름달의 소원

1.
2.
3.
4.
5.
6.
7.
8.
9.
10.

STEP 05
WORK

NewMoon
새로운 결의나 새로운 무언가를 시작하는 씨를 뿌리는 타이밍

month / day	이달의 주제

월   일 신월의 소원

1.
2.
3.
4.
5.
6.
7.
8.
9.
10.

STEP 05

WORK

FullMoon

결실에 대한 감사, 다음 단계를 향해 내려놓을 것을 결정하는 타이밍

| month / day | 이달의 주제 |

월   일 보름달의 소원

1.
2.
3.
4.
5.
6.
7.
8.
9.
10.

STEP 05
WORK

NewMoon
새로운 결의나 새로운 무언가를 시작하는 씨를 뿌리는 타이밍

month / day	이달의 주제

월   일 신월의 소원

1.
2.
3.
4.
5.
6.
7.
8.
9.
10.

STEP 05
WORK

FullMoon

결실에 대한 감사, 다음 단계를 향해 내려놓을 것을 결정하는 타이밍

| month / day | 이달의 주제 |

월   일 보름달의 소원

1

2

3

4

5

6

7

8

9

10

153

천천히 깊게 숨을 들이마시고

몸의 모든 힘을 천천히 빼주시고

눈을 감아 주세요.

자, 이제 미래의 이상적인 당신을

만나러 가봅시다.

유도명상

에필로그

"당신은 오늘 무엇을 위해, 누구를 위해 살고 있습니까?"

사람이 진심으로 행복을 느낄 때는,
누군가에게 도움이 되어 함께 기뻐할 때,
나 자신과 남을 믿을 수 있을 때 일지도 모릅니다.

그리고 당신이 본인 자신을 진심으로 사랑하고,
본인 그리고 자신의 인생을 믿을 수 있을 때,
당신은 최고로 빛나게 될 것입니다.

"이젠 누군가와 다툴 필요가 없어. 누군가와 비교할 필요가 없어"

당신이라는 유일무이한 존재는,
세상 어디에도 없는 거니까.

당신은 존재만으로도,
누군가의 행복이자 누군가의 삶에 힘이 되고 있는 거예요.

"더 힘을 빼도 돼"
"자신의 생각을 더 표현해도 돼"

마음의 소리에 귀 기울여 관심을 가져주세요.

그리고 지금까지 노력해온 자신을
꼭 안아주며 '고마워' 라는 말을
많이 해 주세요.

자신과 연결이 되면 될수록,
당신에게 안정감이 찾아올 거예요.

"모든 것이 잘 되어가고 있으니 괜찮아"

제가 가장 힘들 때 매일 저 자신에게 했던 말입니다.

어떤 현실도 모든 것이 필연이고,
최고의 타이밍으로 일어나고 있다면,

모든 것은 내가 받아들이기 나름입니다.

모든 일에는 반드시 의미가 있고 우연이라는 건 없습니다.

당신은 1년 전이나 3년 전의 고민을 기억하고 있습니까?
지금 생각해보면 별거 아니라고 생각될 겁니다.

그러니까 지금 고민도 1년 뒤, 3년 뒤에는
"그때가 있었기에 지금이 있다"고 생각할 수 있는 날이 반드시 옵니다.

그러니 부디 안심하고 지금을 느껴보세요.

우리는 반드시 하늘로 돌아갈 때가 옵니다.

그때까지
당신은 소중한 사람에게 무엇을 전하겠습니까?

이 세상에 무엇을 남기고 싶나요?

단 한번 뿐인 인생,
후회 없도록 자신의 인생을 즐기며
자주 자신을 표현해 나갑시다.

불안감과 두려움이 찾아 올 때는,
천천히 심호흡을 하며, '모든 것은 잘 되고 있으니까 괜찮아'라고
자신과 자신의 미래를 믿어보세요.

My Note는 당신을 도와주는 부적이기도 하고,
당신을 있는 그대로 받아들여주는 최고의 파트너입니다.

그러니 앞으로는 당신의 마음이 그리는 행복한 인생을,
즐기면서 걸어가세요.

마지막으로…

My Note를 읽어 주셔서 감사합니다.
그리고 도움을 주신 관계자 분들께
진심으로 감사를 전합니다.

YURI

인생이라는 물의 파문을 만들어내는 "첫 방울"은 당신 자신.

모든 현상은 외부에서 오는게 아니라 본인으로부터 비롯됩니다.

주위를 행복하게 하는 것도 중요하지만,

그것을 위해 자신을 몰라주고 있지 않나요?

당신 자신이 먼저 행복해져야,

당신의 소중한 사람도, 당신 주위의 사람도 행복해져 갑니다.

즉, 당신에게서 모든 것이 전파되어 갑니다.

당신이 행복하게 사는 것이 주변 사람들의 행복으로 이어집니다.

당신의 소중한 사람이 슬퍼한다면 당신도 슬퍼지고,

당신의 소중한 사람이 행복하다면 당신도 행복해질 것입니다.

그렇기 때문에 "우선 내가 행복해지자"고 결정합시다.

Dear _____

From _____

Date _____

당신과 당신의 소중한 사람의 사진을 붙여주세요

profile
YURI （結梨嘉望） YURI YOSHIMI

세계를 잇는 뉴 리더, 주식회사 Lily's 대표이사, 마마 미디어 창설자,
갑작스런 남편과의 사별, 3명의 아이를 키우면서 2년만에 팔로워 7만명을 달성,
5천여명의 엄마들 중심으로 여성 커뮤니티의 프로듀서로서 활약 중.
아프리카권 학교 지원, 2023년에는 스리랑카에 100명, 이집트에 200명 일본인 투어를 편성하는 등 일본인 최초 이벤트를 주최.
싱글 맘의 고용 지원, 일본 뿐만 아니라 세계에서 강연회를 개최.
일본에서 여성 온라인 스쿨을 경영 하는 등 한국, 싱가포르 6개회사의 오너, 경영자.
앞으로 전 세계에서 여성이 활약할 수 있는 회사설립을 계획 중.
누구나 언제라도, 어떤 상황에서도 인생을 바꿀 수 있음을 알리고,
세계 각국의 장관들과 교류하면서 세계 평화를 내걸고 세계를 누비고 있다.

My Note
기적이 일어나는 마법의 워크북

2025년 4월 16일 제1판 제1쇄 발행

저자	YURI （結梨嘉望） YURI YOSHIMI
편집	키무라 마나미, 키지마 고우, 모테기 이쿠야
일러스트	후지이 유미코
디자인	코아유 카츠라
번역	우리하나
교정	Special thanks to 소왈라, 그레이스(이영수), 양희경, 이정효, 해땅, 장우주, 장우진, 이림우, Kubosawa Akiko, Yae, Nikkuni Mika
발행자	이중목
발행소	엠인터내셔널 〒04136 서울시 용산구 백범로77길 61-31 ☎ 02-702-6177 （대표） 📠 02-6442-6177

이 My Note 워크를 함께 배우고
나누고 싶은 분,
My Note 강사가 되고 싶으신 분은
My Note Academy 웹사이트로!

ⓒ2025 Yuri Printed in Korea
ISBN 978-89-87321-87-5 03190
무단 전재 및 복제 금지